O RESGATE DO BENZIMENTO

A Arte Sagrada de Benzer

Juliana Gomes

O RESGATE DO BENZIMENTO

A Arte Sagrada de Benzer

MADRAS®

Editor:
Wagner Veneziani Costa (*in memoriam*)

Produção e Capa:
Equipe Técnica Madras

Revisão:
Ana Paula Luccisano
Neuza Alves

Dados Internacionais de Catalogação na Publicação (CIP)
(Câmara Brasileira do Livro, SP, Brasil)

Gomes, Juliana
O resgate do benzimento : a arte sagrada de benzer / Juliana Gomes. --
São Paulo : Madras Editora, 2025.

ISBN 978-65-5620-101-6
1. Curandeiras I. Título.

25-260590 CDD-398

Índices para catálogo sistemático:
1. Curandeiras : Medicina popular : Costumes 398
Cibele Maria Dias - Bibliotecária - CRB-8/9427

MADRAS EDITORA LTDA.
Rua Paulo Gonçalves, 88 — Santana
CEP: 02403-020 — São Paulo/SP
Tel.: (11) 2281-5555 - (11) 98128-7754
www.madras.com.br

Dedicatória

Gostaria de dedicar este livro, primeiramente, a todas as benzedeiras e os benzedeiros que vieram antes de mim e a todos os meus ancestrais. Aqui estou realizando este trabalho com as bênçãos amorosas de todos vocês.

Dedico também a um grande amigo e incentivador dos nossos trabalhos com o benzimento, Breno, que, de onde quer que esteja, sei que continua a olhar por nós.

Agradecimentos

Agradeço à minha família pelo apoio incondicional, especialmente à minha mãe e à minha irmã, Ana Carolina. Sem vocês, eu não estaria realizando este sonho.

Também quero agradecer a todos os voluntários que me auxiliaram e me auxiliam a levar o benzimento para cada vez mais pessoas e que sempre acreditaram no meu trabalho.

Muito obrigada!

Índice

PRIMEIRA PARTE

Carta aos Curadores

O Benzimento é uma prática ancestral, que remonta a tempos em que o ser humano pisou no planeta Terra pela primeira vez. Ao longo da história, vários nomes e nomenclaturas foram usados para diversas práticas que consistem em ajudar, curar e tratar questões humanas, com o poder e a força do pensamento.

O homem ainda não conseguiu acessar todo o poder de que dispõe. Se conseguisse, não teria tantas doenças, dores e sofrimentos como os que possui atualmente. Ao longo do tempo, com o avanço da ciência e da tecnologia, o ser humano deixa de buscar internamente aquilo que é necessário para sua subsistência e passa a procurar externamente, esquecendo-se da sua natureza divina.

Se Deus fez a todos à sua imagem e semelhança, por que o homem ainda insiste em buscar externamente o Deus que habita em si mesmo?

A oração é ancestral. Faz-se presente na vida do ser humano como ferramenta necessária à sua sobrevivência. É preciso, nos dias de hoje, mais do que nunca, nos unirmos em oração pelo planeta, pelo nosso semelhante e por nós mesmos.

Saibamos que a prece é o veículo mais poderoso que o homem detém na atualidade – e sempre deteve – de elevação da consciência a níveis mais sublimes. É conversando com Deus, por meio do nosso coração, que conseguiremos alcançar os níveis mais elevados e sutis de conexão com o Universo, com o Cosmos e com todos os planetas.

E vejam só que ironia: estamos neste momento fazendo um convite a todos os seres humanos a abdicarem de toda a tecnologia externa para se submeterem à tecnologia interna mais poderosa de todas, a oração!

Quando falamos em oração, não estamos nos referindo a palavras prontas, que são ditas sem que tenhamos consciência do que está sendo proferido. Quando nos reportamos aqui à oração, estamos nos referindo ao coração, às palavras que são proferidas pela alma e não pela boca. A princípio, as palavras são ditas internamente, em forma de energia. Essa energia percorre toda a nossa aura e, logo em seguida, circula pelo nosso sistema físico. Primeiramente, sentimos com a nossa alma e com o nosso coração, para depois externalizar em forma de palavras.

Quando dizemos palavras ocas, isso significa que iniciamos pelo corpo físico e não pela alma. Quando fazemos este caminho inverso, as palavras não possuem nenhum efeito espiritual. Mas quando iniciamos pelo caminho correto, ou seja, da alma para o corpo físico, a magia acontece e os milagres surgem.

Precisamos aprender a sentir! O momento atual nos pede centramento e disciplina para conseguirmos nos desconectar da malha mental repleta de pensamentos autodestrutivos e nos conectarmos aos sentimentos mais elevados.

Todos nós possuímos a fagulha divina que nos direciona à Energia Crística. Mas, muitas vezes, buscamos o caminho da forma mais difícil, nos identificando com as energias nocivas, presentes em nosso planeta.

A mesma capacidade que temos de nos conectarmos a tais energias nocivas, possuímos igualmente de nos conectarmos à Luz. Mas, para a segunda, precisamos de um esforço maior, de um veículo que nos leve até ela, porque estamos imersos na teia da ignorância.

O convite aqui é abrir o coração para uma nova experiência consigo mesmo. Permita-se sentir e experimentar o Deus que habita em você. Permita-se sentir-se um com Ele. Permita-se estar a serviço Dele. Permita-se ser instrumento da vontade de Deus. É só isso que Ele nos pede, para darmos permissão de manifestar o amor que somos, neste plano.

Sejamos o veículo da nova consciência, o veículo da nova era, o veículo do amor Dele, para que o reino que merecemos esteja manifestado em nossa consciência.

Que o Senhor Jesus possa guiar os passos de cada um que estiver tendo acesso a este livro. E que cada um de nós tenha consciência do nosso papel na construção do novo mundo.

Que Assim Seja! E Assim É!

Juliana Gomes
Intuída pela Vovó Jurema e pelo Caboclo Sete Flechas

A Minha História

O Benzimento sempre foi algo que me encantou profundamente, mesmo que eu não tenha lembranças claras de ter tido contato próximo com essas práticas durante a minha infância. Minha mãe me contou que, quando eu era criança e chorava muito, ela me levava a algumas Benzedeiras em busca de conforto e cura.

Anos mais tarde, enquanto me preparava para inaugurar o meu espaço terapêutico e Centro Espiritual em Belo Horizonte/MG, ainda em meio às reformas, comecei a ter um pensamento persistente e recorrente: o de oferecer um curso ensinando às pessoas a Arte de Benzer.

Todas as vezes em que essa ideia surgia em minha mente, eu rapidamente a refutava. Afinal, quando pensava em Benzimento, a imagem que me vinha era a de uma senhorinha idosa, com um raminho na mão, que havia aprendido a prática com sua mãe que, por sua vez, aprendeu com sua avó, em uma tradição passada de geração em geração.

Eu havia tido um breve contato com o Benzimento em um *workshop* voltado para as Práticas Indígenas e também nas minhas vivências com a Umbanda, mas não me sentia capaz de transmitir esse conhecimento adiante.

No entanto, o pensamento de ensinar o Benzimento se tornava cada vez mais presente e insistente. Foi então que compreendi que poderia ser uma orientação dos meus Mentores Espirituais. Quando conto às pessoas sobre minhas intuições, muitas imaginam que os Mentores se materializam diante de mim e me passam orientações claras, mas na maior parte das vezes não é bem assim que acontece comigo.

Uma voz suave e persistente ecoava em meus ouvidos: "As Benzedeiras estão desaparecendo. Você precisa fazer esse resgate".

Finalmente, assumi que era uma orientação superior e decidi planejar o curso.

Meu primeiro impulso foi buscar conhecimento diretamente com as Benzedeiras da cidade, mas havia um obstáculo. Estávamos no início da pandemia e, como a maior parte das Benzedeiras era idosa, não era seguro para elas receber visitas presenciais.

Então, confiando na Espiritualidade que me acompanha, fiz o que era possível naquele momento. Marquei a data do curso e adquiri todos os livros que encontrei sobre Benzimento para montar um material teórico, com a certeza de que seria auxiliada pelas forças superiores. Divulgamos o curso e, para minha surpresa, a turma lotou rapidamente.

Na noite anterior ao início do curso, realizamos uma cerimônia com os voluntários que me auxiliavam nos trabalhos espirituais. E foi nesse momento, quando eu menos esperava, que escutei uma voz clara e amorosa me dizendo: "Agora você vai aprender a Benzer".

Naquele instante, senti a presença de uma Egrégora Espiritual repleta de amor, a quem carinhosamente chamo de "Benzedeiras do Astral". Elas me ensinaram o que eu precisava saber para ministrar o curso no dia seguinte.

Recebi uma oração especial e algumas formas de Benzimento. Sempre tive uma conexão profunda com a Mãe Maria e, naquele dia, ouvi uma frase que carrego comigo, desde então: "Nós somos as mãos de Maria neste mundo".

Assim começou a minha jornada com o Benzimento. Realizamos inúmeras turmas em diversas cidades e abrimos as portas da nossa casa para atender, gratuitamente, centenas de pessoas em busca de um acolhimento amoroso.

Agora, escrevo este livro com todo o meu coração, para que ele chegue às mãos de todos aqueles que precisam se reconectar com essa prática, tão presente em nossa cultura, a qual pode nos auxiliar de forma muito amorosa em nossa caminhada.

O Benzimento é um tesouro precioso, uma herança ancestral que nos conecta com o sagrado e nos lembra do poder da fé, do amor e da compaixão. Por meio dele, podemos nos tornar instrumentos de cura e transformação, levando alento e esperança a todos que cruzam nosso caminho.

Que esta obra seja um convite para você se abrir a essa experiência única e transformadora. Que ela desperte em seu coração a chama da compaixão e o desejo de servir como um canal de amor e luz neste mundo.

Juntos, podemos manter viva a tradição do Benzimento e espalhar suas bênçãos por toda parte. Que cada página desta publicação seja um abraço afetuoso de nossas ancestrais Benzedeiras, guiando seus passos nesta jornada de autoconhecimento, cura e entrega ao sagrado que habita em nós.

Com amor e gratidão,

Ju

O que é o Benzimento?

Você já parou para pensar o que é o Benzimento? Essa prática ancestral, que une espiritualidade, saberes tradicionais e conhecimentos sobre a natureza, tem sido transmitida de geração em geração, adaptando-se a diferentes culturas e contextos. Neste capítulo, vamos mergulhar no significado profundo do Benzimento, explorando suas raízes históricas, suas influências diversas e sua relevância nos dias atuais.

Quando pesquisamos sobre o significado do verbo "Benzer", encontramos no dicionário definições como: invocar a graça divina sobre algo ou alguém, santificar ou consagrar ao culto de Deus, aspergir com água-benta, abençoar e bem-fadar. Já quanto ao verbo "abençoar", significa desejar bem a alguém, bem-fadar e bendizer.

Isso quer dizer que, quando estamos benzendo alguém, estamos desejando o bem para essa pessoa, estamos bendizendo! Pensando por esse lado, quem de nós nunca desejou o bem a outro? Ou, para as pessoas mais religiosas, nunca pediu a Deus auxílio para passar por alguma dificuldade ou adoecimento?

Um exemplo que gosto muito é o das mães. As mães são Benzedeiras Naturais, você não acha? Quando seus filhos se machucam, o que elas fazem instintivamente? Colocam as mãos, sopram, fazem um gesto de bênção e dão um carinho para ajudar na cura.

Historicamente, as pessoas sempre procuraram o Benzimento em busca de cuidados e tratamento. Há alguns anos, o acesso à Medicina era limitado, especialmente em lugares mais remotos. E mesmo com todos os avanços tecnológicos na área da saúde, ainda existem questões que a Medicina tradicional não alcança.

Então, como os indivíduos tratavam os adoecimentos e os males do corpo e da alma? Buscando recursos naturais! Como uma forma de sobrevivência, o ser humano sempre recorreu à natureza para curar suas mazelas. Assim, seres com mais aptidão foram se desenvolvendo em suas comunidades, aprendendo técnicas, conhecendo ervas e plantas medicinais, além de desenvolver métodos de tratamento.

Aqui, convido você a ampliar o olhar para o Benzimento como uma prática ancestral, que une Espiritualidade, técnicas aprendidas por meio de práticas e vivências, saberes dos povos originários e conhecimento da medicina natural.

O Benzimento é um conhecimento ancestral!

No Brasil, o Benzimento recebe influências do catolicismo e das tradições africanas e indígenas, tendo florescido no período colonial. A maior parte dos Benzimentos era realizada por mulheres, com o intuito principal de ajudar a comunidade e tratar os males físicos e espirituais. Com o tempo, essas mulheres passaram a ser consideradas bruxas pela Igreja, por causa da prática de magia, curandeirismo e feitiçaria. Essa história nos soa familiar, não é mesmo?

Nos dias de hoje, podemos perceber uma releitura e adaptação do Benzimento no meio urbano, com influências também de outras religiões. Mas, infelizmente, as Benzedeiras estão ficando cada vez mais raras. Quando contei sobre minha história com as "Benzedeiras do Astral" e minha relutância em ensinar o Benzimento, elas me disseram: "As Benzedeiras estão acabando...", incentivando-me a perpetuar esse conhecimento com a linguagem de hoje.

Mas por que isso está acontecendo? Podemos elencar alguns motivos:

- Maior acesso à medicina, inclusive em lugares mais remotos. No passado, ao menor sinal de qualquer enfermidade, procuravam-se recursos naturais em primeira instância. Hoje, a maioria das pessoas busca auxílio médico.

- Racionalização da religião, com crenças e práticas religiosas sendo reinterpretadas à luz da razão e da ciência. À medida que a sociedade se torna mais orientada para a ciência, as pessoas podem preferir explicações baseadas em evidências empíricas e métodos científicos. Práticas como o Benzimento, muitas vezes, não são explicadas pelo modelo científico existente e podem ser vistas como supersticiosas ou sem efeito observável.

- Falecimento das Benzedeiras e dos Benzedeiros sem passar o conhecimento adiante, muitas vezes por falta de interesse dos familiares em receber esses saberes e perpetuar a prática.

- Mudança na forma de transmissão do conhecimento. Antigamente, o Benzimento era feito oralmente, pois não havia os meios de comunicação que temos hoje. Atualmente, utilizamos a internet e as redes sociais para compartilhar saberes, mas percebo uma grande quantidade de informações, deixando as pessoas perdidas e sem direcionamento.

Ainda existe muito preconceito e julgamento quanto à ***Prática da Benzeção***, considerada por muitos uma "pseudociência", sem efeito real. Mas aqui vai uma reflexão: como uma prática que "não funciona" consegue sobreviver tanto tempo, atravessando gerações?

Resgatar esses conhecimentos nos ajuda a lidar com os preconceitos e as repressões relacionados ao Benzimento.

Mas Como Funciona um Atendimento de Benzimento?

Cada Benzedeiro benze à sua maneira, de acordo com sua tradição, a forma como aprendeu ou como acredita ser mais efetivo. Cada pessoa tem sua singularidade e seu próprio rito. Alguns promovem um diálogo inicial, perguntando sobre o mal que o atendido está sentindo, enquanto outros simplesmente realizam o Benzimento sem questionar.

Em seguida, é realizado o Benzimento propriamente dito, por cada Benzedeiro ou Benzedeira, sempre à sua maneira. Alguns, que têm conhecimento para isso, costumam fazer uma prescrição, indicando ervas, banhos, chás ou remédios naturais.

Você está vendo que o Benzimento é muito mais do que um conjunto de rituais e rezas. É uma forma de conexão profunda com o sagrado, com a natureza e com a essência curadora que habita em cada um de nós.

Ao longo deste livro, vamos desvendar os segredos e as sutilezas desta arte ancestral, explorando diferentes abordagens, técnicas e instrumentos que podem potencializar sua prática. Mas, acima de tudo, vamos cultivar as atitudes fundamentais do Benzedor: a compaixão, a fé e o desejo sincero de servir como canal de amor e de cura para todos os seres.

Convido-o(a) a se entregar a esta jornada de autoconhecimento e de expansão da consciência, permitindo que o Benzimento desperte em você os dons e as virtudes que já estão latentes no seu coração. Vamos, de mãos dadas, honrar e perpetuar essa tradição sagrada, para que as futuras gerações também possam se beneficiar de sua luz e graça.

Siga em frente com coragem, reverência e gratidão, pois cada passo neste caminho é uma bênção e uma oportunidade de crescimento. Que o Benzimento seja um portal de transformação e iluminação para a sua vida e para o mundo ao seu redor!

Benzimento é Energia e Intenção

Você já parou para pensar que tudo é energia?

Albert Einstein, em sua famosa equação $E = mc^2$, descreve a equivalência entre massa (m) e energia (E). Essa equação afirma que a energia é igual à massa multiplicada pela velocidade da luz ao quadrado. Isso significa que a energia está intrinsecamente ligada à massa, e a massa pode ser convertida em energia e vice-versa.

Ficou complicado?

Eu explico! Na verdade, tudo o que consideramos "matéria" é composto por partículas que têm uma forma de energia inerente. Ou seja, TUDO É ENERGIA!

A Física Quântica nos dá subsídios para entendermos melhor esses conceitos. Amit Goswami, físico e autor de diversos livros sobre ciência e Espiritualidade, traz o conceito de que a consciência desempenha um papel fundamental na criação da realidade. Segundo ele, cada indivíduo tem um campo de energia pessoal, que é uma extensão da sua consciência.

Ao Benzermos, podemos entender que estamos direcionando Nossa Energia Pessoal e dos Seres de Luz para influenciar positivamente o campo de energia da pessoa ou o objeto que estamos abençoando. Tudo no Universo é composto por partículas vibratórias, e os sons e as palavras utilizados no Benzimento podem criar ressonância e afetar as vibrações do ambiente e das pessoas, potencialmente, gerando mudanças energéticas.

Logo, BENZIMENTO É ENERGIA!

O Benzimento é a manipulação e o direcionamento da energia, por meio da consciência, da intenção, da ressonância e da vibração. Quando alguém realiza um Benzimento, essa pessoa envolve intenção e foco consciente. A intenção é uma forma de energia mental que pode influenciar a realidade.

A partir de agora, vamos nos lembrar de que, quando falamos de Benzimento, estamos nos referindo à INTENÇÃO. Normalmente, iremos colocar a intenção de abençoar, harmonizar, limpar, purificar, melhorar, proteger, fortalecer, libertar, curar, acalmar...

Com a nossa intenção, além de influenciar a energia das pessoas e dos ambientes, podemos imantar objetos com a energia desejada. Gosto de dar o exemplo de uma vela. O que é uma vela? Se olharmos bem, é um cilindro de parafina ou cera, com um pavio no meio. Mas o que faz essa vela ter uma função energética (limpeza, purificação)? Isso mesmo, a nossa intenção!

Quando colocamos a nossa intenção e imantamos essa vela com a nossa energia, ativamos o elemento ígneo (fogo) para que realize determinada função. É aí que a magia acontece...

Você pode levar a intenção para a sua vida. Não faça nada sem colocar uma intenção. Eu acredito que, quando colocamos intenção em todas as ações da nossa existência, trazemos para nós a autorresponsabilidade de tudo o que acontece conosco. Assim, saímos da energia do "deixa a vida me levar".

Viramos protagonistas da nossa própria vida e colocamos energia naquilo que queremos para nós!

Mais do que uma simples prática, o Benzimento nos convida a assumir o protagonismo da nossa própria existência, impregnando cada ação com uma intenção clara e positiva. Ao trazermos essa consciência para o nosso dia a dia, nos tornamos cocriadores da nossa realidade, atraindo e manifestando aquilo que desejamos para nós e para o mundo.

Que possamos, a partir dessa compreensão, honrar e cultivar o poder transformador do Benzimento, reconhecendo-o como uma ferramenta valiosa para o nosso crescimento espiritual, e para a cura e a harmonização de todas as formas de vida. Que cada Benzimento seja um ato de amor, de fé e de entrega, e que possamos, por meio dessa prática, nos reconectar com a essência divina que habita em nós e em tudo que nos rodeia.

Vamos abordar novamente esses conceitos no decorrer do livro, não se preocupe!

O próximo capítulo nos aguarda, trazendo novas revelações e ensinamentos sobre o poder da palavra e sua relação com esta arte sagrada.

O Poder da Palavra

Você já Parou para Pensar no Poder que as Palavras Têm?

Desde tempos imemoriais, a palavra é reconhecida como um poderoso instrumento de cura. No Benzimento, a palavra falada age como um veículo que transporta a intenção do Benzedeiro até o coração daquele que recebe a bênção. É uma troca sagrada, na qual a vibração sonora das palavras escolhidas com amor e sabedoria ecoa nas profundezas do ser, promovendo equilíbrio, harmonia e bem-estar.

Haja Luz!

> *"No princípio, Deus criou os céus e a Terra. A Terra estava sem forma e vazia; a escuridão cobria o abismo, e o Espírito de Deus pairava sobre as águas. E Deus disse: 'Haja luz', e houve luz"* (Gênesis, 1:1-3).

Essas palavras de Deus são apresentadas como uma espécie de catalisador da criação da luz, representando o ato criativo supremo divino. Ou seja, o Universo foi trazido à existência não por um ato físico, mas pela palavra de Deus.

> *"No princípio era o Verbo, e o Verbo estava com Deus, e o Verbo era Deus. Ele estava no princípio com Deus. Todas as coisas foram feitas por intermédio Dele, e, sem ele, nada do que foi feito se fez"* (João, 1:1-3).

No Evangelho de João, as palavras são vistas como a expressão da vontade divina e da ação criativa de Deus no mundo. Segundo a teologia cristã, o "Verbo" (*logos* em grego) é usado para se referir a Jesus Cristo como a Palavra de Deus encarnada.

Essas passagens bíblicas nos mostram a importância da Palavra no contexto cristão. Nas tradições hindus, especialmente nos *Vedas*, a criação é associada ao som primordial, conhecido como "Om" ou "Aum". Acredita-se que esse som contenha o poder criativo que deu origem ao Universo. Muitas tradições indígenas ao redor do mundo têm mitos de criação que envolvem palavras ou cantos mágicos. A palavra é vista como uma força viva e criativa que molda a realidade.

Podemos encontrar em outras tradições esotéricas e orientais a importância do som e da palavra, tanto na criação do Universo quanto na prática espiritual. As palavras e os sons têm uma vibração própria. Tudo no Universo está em constante vibração. Quando alguém profere palavras durante o Benzimento, essas palavras podem criar uma ressonância específica que afeta a energia ao seu redor.

Já dissemos anteriormente que o Benzimento começa com uma intenção consciente e positiva. Quando alguém realiza um Benzimento, está expressando seu desejo de cura, proteção ou bênção. É essa intenção que direciona a energia! A intenção é a semente, enquanto a palavra é o solo fértil onde essa semente pode germinar e florescer.

As palavras e as intenções podem transformar a energia negativa em positiva. Podem ser usadas para dissipar energias negativas ou para canalizar energia positiva em direção à pessoa ou ao objeto que está sendo benzido. Além disso, têm o poder de nos ajudar a nos conectar com forças divinas ou espirituais. Isso pode ser feito por meio de mantras, orações, invocações, etc.

Existem palavras que, por sua própria natureza ou pelo uso contínuo em práticas espirituais, carregam uma energia particularmente potente. Frases bíblicas, por exemplo, são frequentemente utilizadas no Benzimento em razão de sua carga espiritual acumulada ao longo dos séculos. "*A fé vem pelo ouvir, e o ouvir pela palavra de Deus*" (Romanos, 10:17). Essa passagem nos lembra de que a fé, um componente crucial no processo de cura, é alimentada e fortalecida pela palavra.

Ao refletirmos sobre o poder inerente às palavras e ao som, percebemos que eles são mais do que meros veículos de comunicação. São, na verdade, instrumentos de criação, transformação e conexão. Desde o sopro divino que deu origem ao Cosmos até as orações e os cânticos que ecoam em nossos espaços sagrados, a palavra carrega em si a capacidade de moldar nossa realidade, curar nossas feridas e nos conectar com dimensões espirituais profundas.

Neste caminho de descoberta e prática do Benzimento, estamos aprendendo que cada palavra pronunciada com intenção e fé tem o potencial de desencadear mudanças significativas, não apenas no ambiente ao nosso redor, mas também dentro de nós. As palavras de poder, quando escolhidas e utilizadas com sabedoria e respeito, tornam-se sementes de luz capazes de brotar em terreno fértil, trazendo cura, proteção e bênçãos.

A prática do Benzimento, enraizada na tradição e na fé, nos ensina sobre a responsabilidade que acompanha o uso da palavra. Assim como Deus utilizou a palavra para criar a luz e dar forma ao Universo, nós também somos chamados a usar nossas palavras para iluminar e transformar.

Somos lembrados de que, por meio da nossa voz, temos o poder de invocar a presença divina, de tecer laços e de escrever nossas próprias histórias de renovação e esperança. Portanto, que cada palavra que escolhemos pronunciar seja um reflexo da luz que buscamos manifestar no mundo. Que nossas intenções sejam claras, nossos corações abertos e nossa fé inabalável. E que, ao compartilharmos o Benzimento, possamos não apenas aliviar as dores e as aflições daqueles que nos procuram, mas também reavivar a chama sagrada em cada ser.

Assim, convido você a uma jornada que nos leva a explorar as profundezas do espírito humano e a reconhecer, em cada palavra de poder, um eco do divino. Que a prática do Benzimento seja, para todos nós, um caminho de luz, amor e transformação. E que, ao percorrê-lo, possamos sempre nos lembrar da força que reside na simplicidade de uma palavra falada com verdadeiro amor.

Haja luz em nossos caminhos, haja força em nossas palavras e haja amor em nossos corações!

Religiosidade, Espiritualidade e Fé

"Andar com fé eu vou, que a fé não costuma faiar..."
("Andar com fé", Gilberto Gil)

Meus amigos, antes de mergulharmos na prática do Benzimento, é fundamental refletirmos sobre alguns conceitos que estão na base dessa arte sagrada: a religiosidade, a Espiritualidade e a fé. Compreender esses aspectos nos ajuda a ter uma abordagem mais respeitosa, inclusiva e consciente do nosso ofício de Benzedores.

Vamos começar pela religião. O que é uma religião? Podemos entendê-la como um sistema organizado de crenças, práticas e rituais, um conjunto de fenômenos sociais ligados à crença em algo sagrado. As religiões são caminhos que nos conectam com o divino, com aquilo que transcende nossa existência material.

No entanto, é importante reconhecer que, muitas vezes, as religiões acabam se desviando desse propósito original. Quando se apegam demais a dogmas, estruturas rígidas e manipulação das massas, as religiões podem se tornar fonte de divisão, intolerância e sofrimento, em vez de união, amor e libertação.

Já a Espiritualidade é algo mais amplo e profundo. Ela diz respeito à experiência individual com o sagrado, com o divino que habita em nós e em todas as coisas. A Espiritualidade não está necessariamente ligada a práticas específicas ou a rituais religiosos. Ela está mais relacionada a um sentido de vida que transcende o mundo material e se manifesta em nossa consciência.

A Espiritualidade nos convida a olhar para dentro de nós mesmos, a nos conectarmos com nossa essência divina e a reconhecermos nossa interconexão com tudo o que existe. É um caminho de autoconhecimento, de expansão da consciência e de busca por uma vida mais plena, amorosa e significativa.

E o que dizer da fé? A fé é uma dimensão fundamental da experiência humana, intrinsecamente ligada à Espiritualidade e à busca pelo transcendente. Gosto muito do conceito trazido por Napoleon Hill, que define a fé como uma atitude mental positiva e um estado de espírito que capacita as pessoas a superar desafios, perseverar diante das dificuldades e persistir em seus esforços, independentemente das circunstâncias externas.

A fé é a confiança inabalável em algo que não podemos ver ou provar racionalmente, mas que sentimos em nosso coração como uma verdade profunda. É a certeza de que existe um propósito maior para nossa existência, e de que somos amparados e guiados por uma força amorosa e sábia.

Você já parou para pensar sobre o papel da fé na sua vida? Como ela o(a) sustenta nos momentos de dificuldade e o(a) impulsiona a seguir em frente?

O Benzimento está intimamente ligado à Espiritualidade e à fé, mais do que a uma religião específica (embora possa também estar associado a ela). A Espiritualidade, muitas vezes relacionada à busca de significado e da conexão com o divino, proporciona um espaço para a compreensão mais profunda das forças espirituais que podem influenciar a cura e o bem-estar.

Quando **benzemos**, estamos canalizando essa energia espiritual, essa força divina que permeia toda a existência. Estamos nos colocando como instrumentos do amor e da graça para levar alívio, conforto e cura àqueles que nos procuram. É um trabalho de profunda entrega, humildade e compaixão.

A fé, por sua vez, desempenha um papel crucial na receptividade e na eficácia do Benzimento. A crença no êxito do ritual, bem como na capacidade do praticante em canalizar energias positivas, é central. A fé não apenas fortalece a ligação entre o Benzedor, a pessoa benzida e o divino, mas também contribui para criar um ambiente propício à cura.

Quando benzemos com fé, estamos afirmando nossa confiança no poder do amor e da intenção positiva. Estamos nos conectando com algo maior do que nós mesmos e permitindo que essa energia flua por nós para alcançar aqueles que precisam dela. A fé amplifica a intenção positiva por trás da prática, influenciando positivamente o estado mental, emocional e até mesmo físico daqueles que recebem a bênção.

Portanto, se há um pré-requisito fundamental para quem deseja praticar o Benzimento, esse pré-requisito é a Fé. Para benzer, você precisa ter fé que há algo maior quc nos move, que dá vida a todos os seres. Eu vou chamar aqui de Deus, mas você pode dar o nome que quiser, como Universo, Fonte, Divindade... O nome pouco importa! O mais importante é entendermos que somos um canal dessa energia, e é ela que vai se manifestar por nosso intermédio nos Benzimentos.

Independentemente de você ter uma religião ou não, de acreditar em Jesus, Buda, nos santos, no Espírito Santo, existe uma única energia que cura: o Amor. Quando estamos munidos da força do amor e nos permitimos levá-la até outras pessoas, até a nossa casa, a nossa família, estaremos no caminho certo.

O Benzimento é, acima de tudo, um ato de amor. É uma forma de expressarmos nossa compaixão, nossa solidariedade e nosso desejo de contribuir para a cura e o bem-estar daqueles que sofrem. **Quando benzemos com o coração aberto e a intenção pura, estamos nos conectando com a fonte inesgotável do amor divino.**

Lembre-se sempre de que você é um instrumento do amor de Deus. Não se apegue ao ego, não se julgue melhor ou mais poderoso do que ninguém. Cultive a humildade, a simplicidade e a entrega. Confie que a sabedoria divina age por você, e que cada Benzimento é uma oportunidade de servir e de crescer espiritualmente.

Alimente a sua fé, diariamente, por meio da oração, da meditação, da contemplação da natureza, da leitura de textos inspiradores e do convívio com pessoas que compartilham dessa busca espiritual. Quanto mais você se abrir para a presença do sagrado em sua vida, mais fortalecido e intuitivo se tornará para realizar seu ofício de Benzedor.

Não se esqueça de que a fé é um caminho de mão dupla. Ao mesmo tempo que você oferece a bênção para os outros, você também está recebendo as bênçãos do Divino. Cada Benzimento é uma troca de amor, uma circulação de energia positiva que nos conecta uns aos outros e à fonte da vida.

Como você pode cultivar e fortalecer sua fé no dia a dia? Que práticas o(a) ajudam a se conectar com o sagrado e a renovar sua confiança na força do amor?

Então, meu irmão ou minha irmã, tire um tempo para refletir e sigamos firmes nesta jornada de fé e de amor.

Que a sabedoria ancestral dos Benzedores nos inspire e nos guie. Que a força do Espírito Santo nos envolva e nos sustente. E que o amor de Deus transborde por nós, levando cura, paz e esperança a todos os que cruzarem nosso caminho.

Andar com fé eu vou, que a fé não costuma faiar... E quem tem fé sempre alcança o que quer!

Quem Pode Benzer?

Existem três caminhos que eu conheço para começar a benzer.

Primeiramente, podemos receber o conhecimento por intermédio da tradição, ou seja, de um conhecimento hereditário, passado dentro da família. Muitas pessoas acreditam que esse é o único caminho. Para aqueles que creem que deve ser somente dessa forma, eu questiono: se o conhecimento tem que ser passado por meio oral, quem passou esse conhecimento para o primeiro Benzedeiro? Não faz muito sentido, não é mesmo?

Outro caminho pode ser aquele que aconteceu comigo: trata-se de um chamado espiritual. Para mim, veio com a figura de Vovó Jurema, uma entidade espiritual que se apresenta como a Minha Mentora e que me orienta acerca dos trabalhos que devem ser feitos. Foi ela que abriu caminho para o Benzimento e toda a Egrégora que veio me trazer esse conhecimento.

E podemos também fazer uma escolha consciente, podemos aprender! Assim como muitas pessoas que já foram aos meus cursos ou estão lendo este livro.

Aqui, vou abrir um parêntese para o momento do tempo em que estamos. Sem entrar nesse tema em profundidade, estamos vivendo uma transição planetária, o que significa que o nosso planeta está passando por uma mudança vibratória muito grande. À medida que vamos evoluindo a nossa consciência e tornando a nossa energia mais sutil, muitas coisas que nos serviam antes não nos servem mais.

Não acredito que exista algum conhecimento novo. O conhecimento está aí, basta conseguirmos acessá-lo. O ego muitas vezes nos diz que estamos criando algo novo, então damos um nome bonito a isso e nos iludimos, achando que o que fazemos é inédito.

A verdade é que simplesmente adaptamos à linguagem de hoje, e ao nosso nível de consciência, um conhecimento que sempre existiu. O que conseguimos fazer de novo é juntar dois pontos de forma que ninguém havia feito antes e colocar o nosso olhar.

O conhecimento é como um rio, ele precisa fluir, nunca como um lago de águas paradas. E, na minha opinião, o conhecimento não pode ser propriedade de ninguém, mas da humanidade.

Precisamos compreender que, como criaturas feitas à imagem e à semelhança de Deus, cada vez menos iremos necessitar de intermediários para acessar as energias divinas. Todos nós podemos fazer isso, e com o Benzimento não é diferente. Não é preciso ter um dom ou ser "escolhido de Deus" (até porque todos somos).

A energia que nos conduz é a energia do amor. Somente ela!

Quando aprendermos a nos sintonizar com essa energia, ou seja, amar incondicionalmente, mais próximos de Deus estaremos. Jesus está tentando nos ensinar há mais de dois mil anos: "Amarás o teu próximo como a ti mesmo". **O mais bonito é que o amor pode ser aprendido!** Estamos exatamente aprendendo a amar.

E aqui eu trago a ferramenta mais simples que conheço: **a Bênção**.

Dito tudo isso, **Quem Pode Benzer?**

Todos que tiverem amor no coração, o desejo de ajudar as pessoas e a si mesmos, humildade e fé!

A humildade não diz respeito a ser desprovido de bens materiais, como algumas criaturas pensam. Também não é necessário se inferiorizar. Humildade é ser quem você é! E aqui trago um princípio que direciona os meus Benzimentos e meus Atendimentos Terapêuticos:

NINGUÉM CURA NINGUÉM!

Uma grande ilusão do nosso ego é achar que estamos curando alguém. Sinto informar, mas nós não temos esse poder.

O que Jesus dizia após a cura de alguém que o procurou?

> *"E ele lhe disse: Filha, a tua fé te salvou; vai em paz, e sê curada deste teu mal"* (Marcos, 5:34).

Jesus nunca atribuía as curas à sua pessoa, pelo contrário, pois sempre dizia: a tua fé te curou! Se Jesus não curava ninguém, quem somos nós para tanto?

O Benzimento é um estímulo positivo e amoroso para que a pessoa faça a sua própria cura. Nunca se esqueça disso!

Nós sabemos que, para todo adoecimento, existe uma causa. Não estamos aqui para fazer julgamentos, de nenhuma forma. E sabemos também que, quando uma pessoa não quer se curar, não há nada que possamos fazer por ela. E tem mais: **os seres humanos têm o DIREITO de permanecer adoecidos, se assim quiserem**.

O Benzimento faz sentido para mim e, provavelmente, para você que está lendo este livro, mas não tem que fazer sentido para todos. Eu não tenho a menor pretensão de convencer alguém a receber um Benzimento ou que o Benzimento é bom para você... É um caminho que faz sentido para mim! Mas não é o único caminho.

Portanto, outro ponto muito importante: **para benzer alguém, precisamos da autorização dessa pessoa**.

E se essa criatura estiver impossibilitada de autorizar, em um caso extremo, por exemplo, um coma?

Nessa situação, peça permissão para a família e, antes de realizar o Benzimento, solicite autorização também para o Eu Superior dessa pessoa e para os seus guias espirituais. *Só continue se sentir que está autorizado.*

Vamos recapitular os "pré-requisitos" do Benzimento?

1 – Desejo de ajudar as pessoas e a si mesmo(a).

2 – Acreditar que há uma força maior que nos conduz, que dá vida a todos os seres.

3 – Fé no que está fazendo.

4 – Permissão do atendido.

5 – Humildade.

Reflita: O que o(a) motiva a querer aprender a benzer? Como você pode cultivar essas qualidades essenciais em sua jornada como Benzedor(a)?

Lembre-se sempre: O Benzimento é um ato de amor e entrega. Ao nos colocarmos como instrumentos do Divino, permitimos que Ele aja por nós, levando alívio, conforto e cura àqueles que nos procuram. É um caminho de serviço e crescimento espiritual, que nos convida a expandir nossa consciência e a nos conectarmos cada vez mais com a fonte inesgotável do amor.

Sigamos adiante nesta jornada, com o coração aberto e a fé inabalável. Estarei aqui para ajudá-lo(a)!

O que Pode Ser Benzido

Neste capítulo, vamos conversar sobre o que pode ser benzido. Você sabia que, no coração dessa prática tão antiga e querida, existe a crença de que quase tudo pode ser abençoado com boas intenções e orações? Isso mesmo! Então, pegue o seu café, acomode-se e venha comigo!

Como já conversamos, ao benzer, estamos elevando a frequência vibratória de pessoas, ambientes e objetos com a energia do amor.

Assim, para tudo que quisermos mudar a frequência, podemos utilizar o Benzimento. Ele serve para seres humanos, animais, objetos, ambientes (casas, fazendas e propriedades de uma forma geral), alimentos e bebidas, veículos, plantas, colheitas, rituais religiosos e cerimônias, como casamentos, funerais, celebrações e outros.

Vamos começar falando sobre benzer pessoas, que é talvez a forma mais conhecida e praticada de Benzimento. Desde o recém-nascido até o mais velhinho da família, todos podem receber as bênçãos.

Seja para afastar o mau-olhado, curar de "quebrante", espantar a insônia ou até mesmo para trazer mais calma e paz para o coração, a bênção está aí, de braços abertos. E o mais bonito? É feita de coração para coração, num gesto de amor e cuidado.

Quando benzemos uma pessoa, estamos envolvendo-a num manto de luz e proteção. Estamos afirmando, por meio da nossa fé e da nossa intenção, que desejamos todo o bem para aquela vida, que queremos vê-la livre de qualquer mal, física, emocional ou espiritualmente.

É um ato de profunda empatia e compaixão, em que nos colocamos como canal do amor divino para aliviar o sofrimento alheio.

E sabe o que é mais incrível? Você pode (e deve) benzer a si mesmo(a) também! Sim, meu(minha) amigo(a), cuidar de você, da sua saúde, do seu equilíbrio e do seu bem-estar é fundamental.

Quando você se benze, está se permitindo receber todo o amor e a proteção que oferece aos outros. Está reconhecendo sua própria sacralidade e valor. Então, não se esqueça de se incluir nas suas bênçãos diárias, viu?

Os animais, esses seres incríveis que partilham suas vidas conosco, também são merecedores de bênçãos. Eles, que nos oferecem companhia, alegria e amor incondicional, podem receber orações que peçam por sua saúde, felicidade e proteção.

Benzer os animais é reconhecer a sacralidade da vida em todas as suas formas e agradecer pela presença deles em nossas vidas.

Normalmente, os animais são muito ligados aos seus tutores, portanto, podem absorver as energias do ambiente para limpar, equilibrar e harmonizar. São espelhos da energia que se manifesta ao redor.

Nas fazendas, é bem comum os Benzedeiros serem chamados para benzer animais de criação (de grande porte), por exemplo, para tratar ectoparasitas em bovinos (bernes ou bicheiras).

Para benzer os animais, se você tiver essa conexão, pode chamar por São Francisco de Assis, que é considerado pelo catolicismo o protetor dos animais. Peça a ele que interceda por aquele bichinho, que o livre de todo mal e sofrimento. Você também pode simplesmente emanar seu amor e sua intenção de cura, envolvendo os animais numa luz dourada de proteção. Eles são tão sensíveis e receptivos à energia do amor!

Agora, vamos além. Você já pensou em benzer sua casa? Sim, esse cantinho tão nosso, onde vivemos nossos momentos mais felizes e também os mais desafiadores, merece estar sempre em harmonia. Benzer o lar é como dar um abraço nele, pedindo proteção, harmonia e que só as boas energias entrem pela porta.

Quando benzemos ambientes, casas, fazendas e propriedades de uma forma geral, podemos também ter a intenção de afastar energias negativas, afastar animais peçonhentos e outras intenções que você tiver!

Imagine uma grande luz branca envolvendo todo o local, transmutando qualquer densidade, e restaurando a paz e o equilíbrio. Você pode usar água-benta, defumação, orações ou simplesmente a força da sua fé e do seu amor para realizar essa limpeza energética.

Mas e os objetos, será que também podem ser Benzidos? Claro que sim! Aquele terço que você herdou da sua avó, a medalhinha de São Bento que carrega sempre no bolso, até mesmo a chave da sua casa ou do seu carro podem receber bênçãos.

Ao benzer um objeto, estamos pedindo que ele seja um veículo de proteção e bons fluidos para quem o possui ou o utiliza.

Pense nos objetos como extensões de nós mesmos e das nossas energias. Eles absorvem a vibração do ambiente e das pessoas que os manuseiam. Por isso, é tão importante limpá-los e consagrá-los com nossas bênçãos.

Você pode segurar o objeto entre as mãos, fechar os olhos e mentalizar uma luz divina o envolvendo, enquanto reza uma oração singela, pedindo que ele seja abençoado e protegido.

E não podemos nos esquecer das plantas e da terra. Nossa conexão com a natureza é fundamental, e benzer o jardim, as plantas da casa ou mesmo a horta é uma forma linda de cuidar dessa relação. É pedir que elas cresçam saudáveis, cheias de vida e que continuem a nos oferecer sua beleza e seus frutos.

As plantas são seres sensíveis, que respondem ao nosso amor e cuidado. Quando as benzemos, estamos honrando a vida que habita nelas, estamos nos conectando com a força criadora da natureza.

Você pode tocar suavemente as folhas ou o caule, sentir a energia da planta e, mentalmente ou em voz alta, pedir a bênção da Mãe Terra para que ela cresça viçosa e resiliente. É também uma troca de amor!

Outra área em que o Benzimento pode ser aplicado é nos alimentos e bebidas que ingerimos. Antes de comer ou beber algo, você pode fazer uma breve oração, agradecendo pelo alimento, abençoando-o e pedindo que ele nutra seu corpo e sua alma. Esse simples gesto de gratidão e consciência transforma a energia daquilo que você está levando para dentro de si.

Nos rituais religiosos e cerimônias, como casamentos, batizados, funerais, o Benzimento também se faz presente. É um modo de invocar a proteção e a bênção divina para aquele instante sagrado, de pedir que a graça de Deus envolva as pessoas ali reunidas. Nesses momentos, o Benzimento assume um caráter ainda mais solene e poderoso, unindo fé, tradição e comunhão.

Por fim, quero lembrá-lo(a) de que a Bênção é um ato de Amor Universal. Não há limites para o que pode ser abençoado, desde que seja feito com fé, amor e boas intenções. Recorde-se de que, ao benzer algo ou alguém, você está compartilhando uma parte muito especial da sua energia e do seu coração.

Agora reflita: O que você gostaria de benzer hoje? Como você pode trazer mais consciência e amor para este ato sagrado?

Então, meu querido amigo, minha querida amiga, abra seus braços, seu sorriso e seu coração, e deixe o amor fluir por você em forma de bênçãos.

Benza seus irmãos humanos, os animais, as plantas, a terra, os objetos, os alimentos, tudo que faz parte dessa teia sagrada da vida. Benza com alegria, com generosidade, com compaixão. Assim, você estará cumprindo a sua missão de ser um canal de paz e cura neste mundo.

Gratidão por estar nesta jornada com você. Que a força do Benzimento nos una e nos inspire a sermos sempre instrumentos do bem!

Elementos no Benzimento

Este capítulo é dedicado a todos vocês, queridos(as) leitores(as), que buscam não apenas entender o Benzimento como uma prática, mas vivenciá-lo também como uma expressão profunda de fé, esperança e confiança.

Através dos séculos, nossos ancestrais compreenderam que a verdadeira força de qualquer ritual reside na capacidade de conectar o visível ao invisível, o material ao espiritual e o humano ao divino.

Aqui, vamos explorar como os elementos utilizados no Benzimento – da água à vela, do terço ao cachimbo, das brasas à cruz – são muito mais do que simples objetos ou gestos. Eles são símbolos carregados de uma energia imensurável, capazes de criar uma ponte entre nós e o sagrado.

Cada elemento em nosso arsenal de Benzimento carrega consigo uma profundidade ritualística que vai além da sua aparência ou do uso superficial.

Essa profundidade é o que reforça a fé, nutre a esperança e solidifica a confiança na eficácia do processo.

Quando benzemos com água-benta, por exemplo, não estamos apenas aspergindo gotículas sobre algo ou alguém; estamos invocando a pureza sagrada, a renovação e a proteção divina.

Já falamos anteriormente sobre o poder da intenção. Ao acender uma vela, por exemplo, não estamos só trazendo luz para um espaço físico, mas também estamos reconhecendo e invocando a luz interior, a sabedoria e a orientação divina. A chama que brilha é um testemunho da nossa própria luz espiritual, um lembrete de que, mesmo nas trevas, somos capazes de encontrar o caminho de volta para casa.

À medida que avançamos neste capítulo, convido você a abrir seu coração e sua mente para as possibilidades infinitas que o Benzimento oferece.

Desejo que esta leitura seja mais do que um aprendizado; que ela seja um despertar para a beleza e o poder que residem na simplicidade dos elementos e na profundidade da nossa fé.

Juntos, vamos redescobrir a esperança, fortalecer nossa confiança e tecer uma conexão mais íntima com o divino, por meio do sagrado ato de benzer.

Conexão Simbólica, Energética e Espiritual

Para Jung, os símbolos são representações arquetípicas que carregam significados universais, conectando-se profundamente com a psique humana e influenciando nossa percepção, comportamento e desenvolvimento pessoal.

São pontes entre o consciente e o inconsciente, ajudando na integração de aspectos escondidos ou não compreendidos da mente. Esses símbolos são expressões do inconsciente coletivo, compartilhados por diferentes culturas e povos, ao longo da história.

Logo, os símbolos religiosos ou espirituais oferecem uma conexão com o transcendente, proporcionando um canal para a manifestação das bênçãos ou da cura desejada.

Os símbolos representados pelos elementos utilizados na prática de Benzer não apenas corroboram as intenções do ritual, mas também ativam conexões psíquicas, despertam a memória coletiva, bem como promovem a sensação de significado, proteção e cura.

É importante compreendermos que grande parte dos símbolos que utilizamos só fará sentido dentro do contexto das nossas crenças e cultura. Assim, é fundamental que você use os símbolos que façam sentido para SI MESMO!

Não são os elementos em si que trarão o efeito que esperamos, mas a conexão que o elemento simbólico irá lhe oferecer com aquilo que é sagrado para você!

Além do símbolo, os elementos possuem vibrações específicas que interagem com a energia do indivíduo ou do ambiente.

O uso consciente e focado desses elementos no Benzimento serve para canalizar a energia para a transformação desejada, física, emocional ou espiritual.

Os Elementos Utilizados são Extensões da Vontade do Benzedor, Catalisadores da Energia

Vamos trazer aqui alguns exemplos de elementos que são mais comumente utilizados e o seu significado, mas lembre-se: os elementos precisam fazer sentido para você!

Se, intuitivamente, você tiver vontade de utilizar outro elemento não citado aqui, siga a sua intuição! Ela é sempre o seu melhor guia.

Água e Elementos Naturais

A água, esse elemento vital que transcende sua mera existência física, assume um papel importante no universo do Benzimento. Não se trata apenas de um recurso para saciar a sede ou para a higiene pessoal, mas também de um poderoso aliado na limpeza e na purificação da alma e do ambiente que nos rodeia.

No Benzimento, a água se manifesta de diversas formas, sendo a água-benta uma das mais emblemáticas. Essa água, abençoada em contextos religiosos, carrega consigo uma potência extraordinária para a proteção e a purificação, sendo utilizada para aspergir ambientes, pessoas e objetos, com o intuito de afastar influências negativas e atrair vibrações positivas.

No capítulo "Benzimento com Água", vamos aprender a consagrar a nossa água e torná-la benta!

Além da água, a natureza nos brinda com outros elementos igualmente poderosos, como as ervas, as pedras preciosas e o sal, cada um com suas propriedades específicas.

Por exemplo, a energização da água com cristais pode incorporar as qualidades terapêuticas das pedras à água, enriquecendo-a com vibrações que promovem o bem-estar e a harmonia.

O sal, por sua vez, é reconhecido por sua capacidade de realizar uma "limpeza pesada" em nosso campo energético. Um banho de sal grosso pode ser extremamente eficaz para desfazer-se de cargas energéticas que não nos pertencem, restaurando o equilíbrio e a leveza do ser.

Quando nos preparamos para realizar um Benzimento com água, temos à nossa disposição várias técnicas: desde a aspersão direta até o preparo de banhos enriquecidos com ervas, sal ou outros elementos que a intuição e o conhecimento tradicional nos guiam a utilizar.

Essa escolha deve ser feita com discernimento, levando em consideração as necessidades específicas da pessoa ou do ambiente a ser abençoado.

A beleza da utilização da água e dos demais elementos naturais no Benzimento reside na sua capacidade de nos conectar com as forças da natureza e com o sagrado.

Esse ato de conexão não se limita aos momentos de necessidade, ele também pode ser incorporado em nossa rotina como uma prática de manutenção da harmonia e do bem-estar, atraindo saúde, paz e prosperidade para nossas vidas.

Portanto, o convite está feito! Que possamos nos abrir para a riqueza e a sabedoria contidas na água e nos elementos naturais, utilizando-os com respeito e gratidão, no nosso caminho de cura e conexão espiritual.

Este é um gesto de amor-próprio e de reverência à vida, que nos permite estar em maior sintonia com o Universo e com as infinitas bênçãos que ele tem a oferecer.

Ervas e Plantas

Dentro do vasto e multifacetado universo do Benzimento, as ervas ocupam um lugar de destaque.

Essas plantas, dotadas de propriedades tanto físicas quanto energéticas, são escolhidas com cuidado e respeito, servindo como poderosos instrumentos de cura, purificação e proteção.

A utilização das ervas no Benzimento é uma prática milenar, enraizada nas tradições de muitos povos ao redor do mundo, refletindo a sabedoria ancestral sobre as forças da natureza e sua capacidade de influenciar o bem-estar humano.

Cada erva traz consigo uma assinatura energética única, uma vibração que pode ser direcionada para auxiliar os mais diversos propósitos.

Por meio da defumação, da preparação de banhos de ervas, da aspersão de águas aromatizadas ou mesmo de seu uso direto no ambiente, as ervas atuam como veículos para a transmissão de energia e intenção.

Elas são capazes de limpar espaços de energias estagnadas ou negativas, de proteger indivíduos contra influências maléficas e de atrair vibrações positivas, promovendo harmonia e equilíbrio.

A escolha das ervas para o Benzimento é um processo intuitivo, mas também profundamente ligado ao conhecimento tradicional.

Cada planta possui atributos específicos que a tornam adequada para determinadas finalidades.

Por exemplo, o alecrim é frequentemente utilizado para limpeza e proteção, a arruda para afastar o mau-olhado, já a lavanda para promover a calma e a paz.

Essa sabedoria, muitas vezes transmitida de geração em geração, é um testemunho da relação profunda que os seres humanos estabeleceram com o mundo natural, reconhecendo e respeitando o poder e a sacralidade das plantas.

Mais à frente, no livro, vamos aprofundar o conhecimento sobre as ervas e como fazer as suas escolhas para o Benzimento.

Tabaco

Em muitas tradições indígenas, especialmente nas Américas, o tabaco é considerado uma planta sagrada, um veículo de comunicação com o mundo espiritual.

Para esses povos, o ato de fumar tabaco em cachimbos cerimoniais ou de ofertá-lo de outras formas é parte integral de rituais de cura, pedidos de proteção e agradecimentos.

O tabaco é visto como um mediador entre os mundos físico e espiritual, capaz de levar as preces e as intenções das pessoas aos espíritos, aos ancestrais e ao Criador.

No contexto do Benzimento, o uso do tabaco segue essa linha de conexão espiritual. Ele é empregado com respeito e intenção, como uma oferenda ou ferramenta para limpeza e proteção espiritual.

O fumo, ao ser queimado, libera sua essência e fumaça que, acredita-se, têm o poder de purificar ambientes, objetos e pessoas, removendo energias negativas e atraindo vibrações positivas.

É fundamental reconhecer que o uso do tabaco em práticas espirituais e de Benzimento difere grandemente de seu consumo recreativo ou habitual na sociedade contemporânea.

Nas tradições que o consideram sagrado, o tabaco é usado com grande respeito, consciência e em quantidades moderadas, especificamente para fins rituais e curativos.

Há um entendimento profundo de que a planta possui uma "alma" ou consciência própria, que pode auxiliar nos processos de cura e comunicação espiritual quando abordada com reverência.

Terço, Rosário e Japamala

O terço, o rosário e o japamala são mais do que simples objetos de devoção, eles são instrumentos poderosos dentro da prática do Benzimento, servindo como pontes para a meditação, a oração e a conexão espiritual.

Cada um desses elementos carrega consigo uma rica história e uma profunda simbologia, transcendendo suas aparências para se tornarem veículos de intenção, fé e cura.

Originários da tradição cristã, o terço e o rosário são utilizados para guiar orações e meditações, especialmente em honra à Virgem Maria.

A repetição de orações, como a Ave-Maria, enquanto se percorre cada conta, ajuda a mente a focar, a se aquietar e a se elevar, criando um espaço sagrado para o encontro com o divino.

No Benzimento, esses objetos sagrados podem ser empregados para invocar proteção, paz e intercessão divina, seja em benefício próprio, seja de outrem.

A energia depositada na recitação das orações e na meditação com essas contas é uma forma poderosa de Benzimento, capaz de transmutar energias, curar e abençoar.

O japamala, por sua vez, tem suas raízes nas tradições hindu e budista, consistindo normalmente em um cordão de 108 contas, utilizado para contar mantras durante a meditação.

Assim como o terço e o rosário, o japamala é um instrumento de foco e intenção, no qual cada repetição de mantra é um passo a mais em direção à conexão espiritual, à paz interior e à harmonização de ambientes e seres.

No Benzimento, o japamala pode ser utilizado para energizar o ambiente, para a cura espiritual e para a proteção, por meio da recitação de mantras específicos que carregam intenções de bem-estar e equilíbrio.

Ao integrar o uso de terços, rosários e japamalas na prática do Benzimento, é importante fazê-lo com respeito, reverência e intenção clara.

A escolha de orações, mantras e a forma como esses objetos são empregados devem refletir o propósito do Benzimento, seja ele voltado para a cura, a proteção, seja para a elevação espiritual.

A repetição consciente e devotada dessas orações ou mantras, aliada à energia dos objetos sagrados, potencializa o ato de Benzimento, tornando-o uma poderosa ferramenta de conexão e transformação espiritual.

Imposição de Mãos

Aqui temos o elemento mais importante de todos e que está acessível a qualquer hora e lugar: as nossas mãos!

A imposição de mãos é uma prática tão antiga quanto a própria humanidade, atravessando culturas e tradições ao redor do mundo.

Essa técnica, que consiste em posicionar as mãos sobre ou perto do corpo de uma pessoa com a intenção de transmitir energia, cura e conforto, é um dos pilares fundamentais do Benzimento.

A imposição de mãos é um ato de amor e de fé, um gesto que comunica cuidado, proteção, além da intenção de bem-estar ao receptor.

Neste processo, as mãos do Benzedor são vistas como canais de energia divina ou universal, capazes de detectar, absorver e transmutar as energias ao redor.

Acreditamos que todos nós temos a capacidade inata de curar e de ser curados, e que essa capacidade é amplificada pela intenção pura e pelo desejo sincero de ajudar.

A imposição de mãos no contexto do Benzimento não requer apenas técnica, mas também uma conexão espiritual profunda, uma abertura do coração e da alma para as forças superiores que nos guiam.

Consagração dos Objetos

Vamos conversar agora sobre um assunto que é de muita importância para o Benzimento: a consagração de objetos.

Sabe aquela sensação de que alguns objetos têm uma energia diferente, como se carregassem uma luz própria, um quentinho no coração? Pois é, não é coisa da nossa cabeça não, viu? Isso pode ser o resultado de uma bela consagração.

Agora, você deve estar se perguntando: "Mas o que é consagrar? E como eu faço isso?" Calma, que eu vou contar tudinho para você!

Consagrar um objeto é como dar um superpoder a ele, é transformar o comum em extraordinário, o profano em sagrado, enchendo de intenção, amor e muita fé.

É dizer para o Universo: "Estou colocando aqui minha energia e meu coração! Que esse objeto me ajude, proteja e traga boas vibrações".

Mircea Eliade, um dos mais renomados historiadores das religiões e profundo estudioso do sagrado, oferece uma perspectiva rica e complexa sobre o conceito de consagração.

Em suas obras, Eliade explora a ideia de que o sagrado se manifesta no mundo por meio de hierofanias, ou seja, manifestações do sagrado que tornam certos objetos, lugares ou momentos distintos do cotidiano profano.

Segundo Eliade, a consagração é um processo pelo qual objetos, lugares ou tempos são transformados, passando do profano ao sagrado. Isso significa que, por intermédio de rituais e cerimônias específicas, algo comum é retirado de seu contexto mundano e é investido de uma nova realidade, uma realidade sagrada.

A consagração, portanto, é um ato de reconhecimento e de revelação do sagrado, um meio pelo qual o homem se conecta com o divino ou com a dimensão transcendental da existência.

Esse processo não é apenas uma transformação simbólica, é também uma mudança ontológica, significando que o objeto, lugar ou tempo consagrado realmente se torna diferente em seu ser.

Ele deixa de ser simplesmente um elemento do mundo profano para se tornar uma morada do sagrado, um ponto de acesso ao transcendente, um meio pelo qual o sagrado se manifesta no mundo.

No contexto dos objetos, por exemplo, a consagração os transforma em símbolos poderosos, talismãs ou relíquias que carregam em si uma força sagrada. Eles se tornam canais pelos quais as pessoas podem se conectar com o sagrado, servindo como pontes entre o céu e a terra, o divino e o humano.

É importante também a repetição dos rituais de consagração ao longo do tempo, pois cada ato de consagração é uma reatualização do sagrado, uma forma de manter viva a conexão entre o mundo profano e o mundo sagrado.

Assim, podemos ver a consagração não apenas como um evento isolado, mas, sobretudo, como parte de um ciclo contínuo de renovação e reafirmação do sagrado na vida humana.

Interessante, não é mesmo?

A essência da consagração você já entendeu. Agora, vamos para a prática.

Já falamos aqui sobre os elementos que podemos utilizar nos nossos Benzimentos. A consagração pode ser feita em praticamente qualquer objeto, mas é comum escolher itens que já possuem uma afinidade natural com o propósito desejado.

Isso pode incluir cristais, que são conhecidos por suas propriedades energéticas, amuletos, imagens de santos ou divindades, velas ou, até mesmo, objetos pessoais que se deseja carregar com uma energia específica.

Vamos compreender então que esses elementos ou objetos devem sempre ser consagrados antes de serem utilizados para benzer.

E recomendo: os objetos que você irá utilizar no seu Benzimento são sagrados! Utilize somente para esse fim. Guarde-os em seu altar ou em algum lugar seguro.

Antes de Consagrar um Objeto, é Importante Prepará-lo e Preparar-se

O objeto deve ser limpo fisicamente e, se necessário, também purificado energeticamente (em especial, se ele já tiver sido utilizado antes para outros fins ou se tiver pertencido a outra pessoa).

Isso pode ser feito por meio da imersão em água com sal, pela defumação (que vamos aprender logo mais), por intermédio de orações e invocações, Reiki ou qualquer outra técnica que você conheça.

Quanto à preparação pessoal, é imprescindível estar em um estado de serenidade e foco. A consagração é um ato sagrado e, como tal, requer respeito e intenção clara. Meditar ou orar antes de começar pode ajudar a alinhar suas energias com o propósito da consagração.

Estando com o objeto preparado e limpo, recomendo que tire um tempo de qualidade para fazer um pequeno ritual, colocando as suas intenções e pedindo aos Seres Superiores que consagrem os elementos.

Pode fazer da forma como quiser. Eu gosto de montar um altar, acender uma vela, fazer orações e pedidos, e deixar a vela queimar até o final.

Vamos entender aqui que quem consagra não somos nós, mas os Seres Divinos em que cremos.

Você pode simplesmente fazer uma oração que venha do seu coração ou também alguma prece pronta. O mais importante é colocar a intenção e os pedidos para que esses elementos sejam abençoados e consagrados.

Eu faço uma oração mais ou menos assim:

Divino Mestre Jesus, presença de amor e luz, nós vos invocamos neste momento para abençoar e consagrar estes objetos que serão utilizados como instrumentos de cura e auxílio. Que a vossa energia amorosa e compassiva permeie cada partícula desses objetos, concedendo-lhes a capacidade de canalizar vossa energia curativa e harmonizadora.

Mãe Maria, presença materna e protetora, envolva esses objetos com vossa doce e amorosa energia. Que eles se tornem canais de vossa compaixão e acolhimento, irradiando serenidade e conforto para todos aqueles que deles se aproximarem.

Guardiões e Anjos da Guarda, presenças protetoras e orientadoras, estendemos nosso pedido de consagração e proteção. Que esses objetos sejam guardados e protegidos por vossa luz divina, afastando toda negatividade e guiando-nos sempre para o caminho da luz e da cura.

Aos nossos Guias e Mentores Espirituais, pedimos vossa bênção e assistência. Que esses objetos sejam abençoados com vossa sabedoria e orientação, auxiliando-nos no propósito de aliviar o sofrimento e promover a cura em todos os que buscam nossa ajuda.

Que esta consagração seja feita em nome do amor, da compaixão, do bem e da harmonia, para o benefício e o bem-estar de todos. Que assim seja. Amém!

Note que invoco a presença de Jesus, Maria e dos Guardiões e Anjos da Guarda, simplesmente porque sou cristã e me conecto com essas energias.

Invoque a presença dos seres que fazem sentido para a sua crença, ok?

Uma última dica: você pode potencializar a sua consagração utilizando a Energia da Lua.

Cada fase da Lua carrega uma vibração única, influenciando tanto o mundo natural quanto o espiritual.

A Lua Nova simboliza novos começos, renovação e o plantio de novas sementes. É o momento ideal para consagrar objetos que estejam relacionados a novos projetos, intenções de início, purificação e proteção. Durante a Lua Nova, concentre-se em infundir seus objetos com energias de potencial e possibilidade, preparando o terreno para o crescimento e o desenvolvimento.

A fase Crescente da Lua é marcada por aumento de energia, força e expansão. Consagrar objetos sob essa Lua pode ajudar a amplificar o desenvolvimento de habilidades, o crescimento de negócios ou projetos pessoais, além de fortalecer a motivação. Utilize essa fase para objetos que precisam de um "empurrão" energético, que ajudem na superação de obstáculos e na realização de desejos.

A Lua Cheia é o ápice da energia lunar, um momento de plenitude, realização e poder psíquico intensificado. É a fase perfeita para consagrar objetos destinados à cura, à clarividência, ao amor e à prosperidade. A energia liberada durante a Lua Cheia é potente e completa, ideal para carregar amuletos, cristais e talismãs com máxima força espiritual e mágica.

Durante a Lua Minguante, a energia começa a diminuir, tornando-se um período propício para reflexão, liberação e limpeza. Consagrar objetos nessa fase pode ajudar a eliminar negatividades, vícios, doenças ou quaisquer obstáculos que estejam impedindo o crescimento espiritual ou material. Use essa fase para preparar objetos que auxiliem na superação de desafios, na proteção contra energias negativas e na purificação de ambientes.

Vamos Recapitular?

1 – Defina um propósito para a consagração e coloque a sua intenção.

2 – Prepare um ambiente adequado para o seu ritual, crie um espaço sagrado. Você pode fazer um altar, purificar o ambiente com uma defumação e incensos. Faça as suas orações.

3 – Prepare-se energeticamente para realizar a consagração.

4 – Separe os objetos que quer consagrar e coloque no seu altar.

5 – Chame pelas forças superiores, por guias espirituais ou divindades que você deseja que assistam à consagração e a abençoem. Seja específico sobre o propósito do objeto e peça que ele seja infundido com a energia necessária.

6 – Finalize com um agradecimento às forças que auxiliaram na consagração, reconhecendo sua presença e ajuda.

IMPORTANTE: Após consagrar o objeto, tratá-lo com respeito e mantê-lo em um local limpo e sagrado. Se for um objeto que será usado, recorde-se de sua sacralidade ao fazê-lo.

Lembre-se, a consagração de objetos é uma prática poderosa dentro do Benzimento, permitindo-nos levar o sagrado para dentro de nossa vida cotidiana de maneira tangível.

É um lembrete de que o divino pode se manifestar em todas as coisas e que, com intenção e fé, podemos transformar o ordinário em extraordinário.

Ao consagrar um objeto, estamos também reafirmando nossa conexão com o Universo e com a teia da vida, da qual todos somos uma parte.

Orações e Rituais

Querido(a) leitor(a), ao embarcarmos juntos nesta jornada pelo universo do Benzimento, é essencial dedicarmos um momento para compreender um dos pilares mais poderosos e pessoais desta prática ancestral: a **oração**.

No coração do Benzimento, encontramos a prece não apenas como um ato de fé, mas também como uma ferramenta de cura, um elo que conecta o humano e o divino, o visível e o invisível.

A oração, no contexto do Benzimento, transcende a mera repetição de palavras memorizadas.

Ela se torna um veículo para a expressão mais sincera do nosso ser, um diálogo aberto e honesto com as forças superiores que guiam e protegem nossas vidas.

É por meio da oração que o Benzedeiro invoca a energia necessária para o ato de benzer, para aliviar um mal-estar, afastar energias negativas ou simplesmente para abençoar.

Se você já recebeu um Benzimento, provavelmente percebeu que a Benzedeira ou Benzedeiro fica o tempo todo balbuciando palavras, normalmente ininteligíveis, ativando a magia por trás do ritual.

Neste capítulo, vamos explorar a natureza multifacetada da oração dentro do Benzimento. Vamos descobrir como, mediante palavras simples, mas carregadas de intenção e fé, podemos tocar o sagrado, trazer conforto para o coração e manifestar mudanças tangíveis na realidade que nos cerca.

A oração é a chave que desbloqueia o poder do Benzimento, e é por seu intermédio que o Benzedeiro se conecta com a sabedoria ancestral e com a fonte de toda a cura.

Convido você a olhar para a oração sob uma nova luz, a ver além das estruturas e fórmulas, e a encontrar sua própria voz dentro desta prática milenar. Vamos aprender a criar orações que refletam nossa verdadeira essência, a entender os rituais que amplificam nossa conexão com o divino e a descobrir como, por meio da fé e da palavra, podemos transformar vidas.

Prepare-se para mergulhar no coração do Benzimento, no qual a oração é o fio que tece a trama de nossa conexão espiritual.

Este capítulo é um convite para abrir seu coração e sua mente, para aprender a arte de conversar com o Universo e, por meio dessa conversa, encontrar a cura, a proteção e a bênção que você busca.

Bem-vindo(a) ao mundo onde a palavra é remédio, no qual a fé move montanhas e em que a oração é a mais pura expressão do nosso ser. Vamos juntos redescobrir a beleza e o poder da prece no contexto do Benzimento.

As orações que conhecemos, como o *Pai-Nosso* ou a *Ave-Maria*, são extremamente transformadoras, mas de nada adianta se você repeti-las apenas de maneira automática.

A oração mais poderosa é aquela que vem do seu coração! Você pode simplesmente tecer uma conversa com Deus, com o Universo.

Quero que você compreenda o poder de uma oração sincera e autêntica, feita com fé e intenção.

Primeiramente, busque o silêncio interno. Faça um momento de silêncio para refletir sobre o que você realmente sente, deseja ou precisa expressar em sua oração.

É no silêncio que nos encontramos com Deus. O silêncio não é um vazio, mas um campo de infinitas possibilidades. Aqui, aquietamos os nossos sentidos para entrar em conexão com algo mais profundo.

Você pode, em seguida, convidar aquelas energias em que você acredita, que o(a) acompanham e que o(a) conectam com o que é sagrado para si mesmo.

Entregue-se como um canal, um instrumento divino, e permita ser conduzido por uma força superior.

E o mais importante: seja autêntico!

Deixe fluir as suas emoções genuínas, não se preocupe com formalidades ou palavras rebuscadas, e verbalize suas emoções e seus desejos exatamente como eles surgem em seu coração, sem filtros.

Já entendemos que, dentro da prática do Benzimento, a criação de orações personalizadas é um aspecto fundamental para estabelecer uma conexão genuína com o divino e manifestar nossos desejos mais profundos.

Nesse sentido, podemos nos inspirar na obra *O Poder Milagroso para Alcançar Riquezas Infinitas*, do Dr. Joseph Murphy, que nos ensina a importância de alinhar nossos pensamentos e palavras com a frequência que desejamos alcançar.

Ao adaptar esses princípios para o contexto do Benzimento, podemos começar a criar orações que não só busquem a proteção e a cura, mas também a manifestar tudo o que queremos em todas as áreas da nossa vida.

Ao formular nossas orações, é essencial que as palavras escolhidas reflitam uma crença inabalável na nossa capacidade de cocriar com o divino, utilizando afirmações que ressoem com a verdade de que somos merecedores de receber todas as bênçãos que o Universo tem para oferecer.

1 – Comece com Afirmações Positivas

Inicie com declarações positivas sobre fé, crenças e conexão com a divindade. Exemplos incluem: "Eu sei", "Eu acredito", "Minha fé", etc.

Exemplo: "Eu acredito positivamente no Poder de Cura de Deus dentro de mim".

2 – Manifeste Seus Desejos ou Suas Intenções

Expresse o que se deseja manifestar ou atrair. Pode ser relacionado à cura, à prosperidade, à sabedoria, ao sucesso, à paz, entre outros.

Exemplo: "Eu agora decreto que o Poder de Cura de Deus está transformando todo o meu corpo, me tornando completo, puro e perfeito".

3 – Conecte-se com a Divindade

Reforce sua conexão espiritual, referenciando-se à divindade ou ao poder superior em que você acredita.

Exemplo: "Eu sou guiado pela Sabedoria de Deus em todos os assuntos".
"O Amor de Deus flui em beleza transcendente e amabilidade em minha mente e meu corpo, transformando, restaurando e energizando cada átomo do meu ser."

4 – Termine com Confiança e Gratidão

Conclua a oração expressando gratidão antecipada pela realização de suas intenções e demonstre confiança na manifestação dos seus desejos.

Exemplo: "Agora imagino e sinto a realidade do meu corpo perfeito".

"Estou cheio de uma sensação de paz e bem-estar." "Obrigado(a) Deus."

Agora que você já sabe como criar as suas próprias orações, vamos considerar a importância de estabelecermos pequenos rituais que atuam como âncoras, trazendo nossas intenções e orações para o reino físico, tornando-as mais tangíveis e reais.

Rituais, na verdade, permeiam todos os aspectos da vida humana, muitas vezes de maneira que não os reconhecemos imediatamente como tais. Eles são uma expressão da criatividade humana e da necessidade de encontrar significado e ordem no mundo, transcendendo as fronteiras da religião.

Eles não apenas reforçam a seriedade e a profundidade do nosso compromisso espiritual, mas também ajudam a concentrar nossa energia e intenção, criando um ambiente propício para que nossos desejos se manifestem.

Práticas, como preparar uma xícara de café pela manhã, um jantar em família ou mesmo a rotina de cuidados pessoais, podem ser consideradas rituais. Eles estruturam nosso dia, criam momentos de pausa e reflexão, e oferecem conforto e previsibilidade.

Os rituais podem variar enormemente, desde acender uma vela específica, usar certas cores, aromas, até escolher um horário determinado do dia para realizar suas orações.

Minha missão com este livro é de apenas dar-lhe possibilidades, ampliar a sua consciência, para que você encontre aquilo que faz sentido para si.

Os pequenos rituais são uma extensão da nossa fé e intenção, enraizando nossas práticas de oração no mundo físico e ajudando-nos a manifestar nossos desejos mais profundos.

Eles nos lembram de que, embora a oração seja uma jornada espiritual, seus frutos são vivenciados no aqui e agora, no concreto de nossas vidas diárias.

Assim, ao incorporar esses rituais à nossa prática de oração, abrimos nossos corações e nossas mentes para receber as infinitas bênçãos que o Universo tem para nos oferecer.

Montagem do Altar

Mas, Afinal, o que é um Altar?

Bom, caro(a) leitor(a), em termos gerais, o altar é um espaço simbólico, um ponto focal para suas preces e rituais. Ele pode ser montado em uma mesa, cômoda ou, até mesmo, em uma prateleira; pode ser um cantinho.

O importante é que seja um lugar que tenha a sua energia e simbolize a sua fé.

Eu gosto de pensar nos altares como espelhos de nós. Trata-se de uma representação simbólica do que temos dentro de nós.

Os altares são verdadeiros portais que nos conectam com o sagrado, proporcionando um espaço onde podemos estabelecer uma comunicação direta com o divino.

São como pontes entre o mundo material e o mundo espiritual, permitindo que possamos nos conectar com forças superiores, buscar orientação espiritual e encontrar um sentido mais profundo em nossas vidas.

Esses espaços sagrados são cuidadosamente preparados e consagrados para que possam servir como um local propício para a invocação das divindades, a realização de rituais e para as oferendas.

A disposição dos elementos no altar, bem como os objetos presentes e os rituais realizados, é uma expressão simbólica das nossas jornadas individuais em busca de transcendência e iluminação.

Existem diferentes tipos de altares, cada um com sua própria finalidade e significado.

Há também o altar natural, que está intimamente ligado à natureza. Esse tipo de altar é encontrado em locais altamente magnetizados ou em vórtices eletromagnéticos, onde a energia é especialmente intensa. Um lugar na natureza, por exemplo, uma cachoeira ou uma mata, é um altar que já está pronto! Podemos nos conectar diretamente com as forças da natureza, permitindo que sua energia vital nos envolva e nos inspire.

Além disso, existem altares dedicados a divindades específicas, como os altares para os deuses do panteão, onde são oferecidos presentes e orações para honrar sua presença e buscar sua bênção.

É importante lembrar que os altares não são apenas espaços físicos, mas também estados de consciência.

Ao dedicarmos um tempo para criar e cuidar de um altar, estamos cultivando uma conexão mais profunda com o sagrado dentro de nós mesmos. É um convite para nos voltarmos para o divino, para buscarmos a sabedoria e a orientação que ele pode nos oferecer.

Portanto, seja qual for o tipo de altar que escolhemos criar, devemos fazê-lo com amor, respeito e devoção. É um ato sagrado que nos permite estar em comunhão com o divino, fortalece os nossos rituais, e nos ajuda a encontrar significado e propósito em nossas vidas.

Como Eu Posso Montar o Meu Altar?

Lembre-se de que os elementos que irão compor o seu altar têm que fazer sentido para você!

Você pode utilizar elementos como cristais, minérios, flores, imagens, água e símbolos mágicos.

Caso você queira fazer um altar que contenha uma representação de cada elemento da natureza, inspirado nas Tradições Xamânicas, o autor Francis Barrett, no livro *O Mago – Um Sistema de Filosofia Oculta*, aborda os quatro elementos – Terra, Água, Ar e Fogo – em relação à magia, à alquimia e às práticas ocultistas.

Segundo Barrett, são as forças fundamentais que compõem o Universo e estão presentes em tudo o que nos rodeia.

A **Terra** representa solidez, estabilidade e matéria física. É associada à manifestação física, ao corpo, à abundância, à concretização e à fundação.

Para simbolizar a Terra no seu altar, você pode utilizar minerais, cristais ou simplesmente um vasinho com terra.

A Água representa fluidez, intuição, emoções e subconsciente. É associada à purificação, ao movimento, à cura emocional e à sensibilidade.

Aqui você pode ter uma taça com água ou uma quartinha (caso você tenha esse fundamento). É importante somente se atentar para trocar a água periodicamente, caso deixe em um recipiente aberto.

O elemento **Ar** representa o intelecto, a comunicação, o pensamento e a respiração. É associado à mente, ao pensamento, à clareza mental e à liberdade.

Para simbolizá-lo você pode, por exemplo, ter um incenso ou algum instrumento de defumação.

E, por fim, o **Fogo**, que representa a energia, a paixão, a transformação e a vontade. É associado à purificação espiritual, ao impulso criativo e à força de vontade.

O fogo pode ser representado pela chama de uma vela.

E qual é a representação das imagens de Santos e Divindades que colocamos no altar?

Aqui, gostaria de analisar este tema com mais profundidade, pois chega a ser um pouco polêmico.

Algumas religiões condenam fortemente a utilização de imagens, pois compreendem que o culto de imagens é desnecessário e primitivo.

Em certas tradições protestantes, por exemplo, a condenação pode ser baseada nos Dez Mandamentos, mais especificamente no mandamento que adverte contra a fabricação de ídolos ou imagens para adoração (Êxodo, 20:4-5).

A preocupação é que a adoração de imagens possa levar à idolatria, ou seja, à atribuição de divindade a objetos físicos, desviando a adoração que deveria ser dirigida exclusivamente a Deus.

Vamos entender um pouco melhor?

Rubens Saraceni, um autor cujos trabalhos se aprofundam na Espiritualidade, na Umbanda e nos mistérios da existência, aborda esse assunto com um ponto de vista interessante.

Para ele, os altares, em sua essência, carregam uma força capaz de instaurar um profundo respeito nos corações daqueles que adentram os templos.

São dispostos nesses espaços sagrados com o propósito de despertar nas pessoas uma conduta de respeito, silêncio e veneração.

Desde tempos imemoriais, a humanidade tem buscado conexão com o divino, por meio de práticas como a **litolatria**, venerando pedras consideradas sagradas; a **fitolatria**, honrando árvores com o mesmo *status*; e a **hidrolatria**, reverenciando rios e lagos dotados de uma aura de sacralidade.

Com o avançar dos tempos, observou-se o surgimento do culto a indivíduos vistos como seres superiores, muitas vezes por demonstrarem habilidades mediúnicas ou realizarem feitos mágicos notáveis.

Ao redor dessas figuras, formava-se um halo de mistério que, cedo ou tarde, as elevava à condição de divindades.

Eram então "entronizadas" como deuses e, após seu passamento, seus devotos iniciavam o culto a suas imagens, esculpidas em pedra ou madeira, na crença de que continuariam a receber seu amparo. Esse é o princípio do totemismo.

À medida que as técnicas de escultura evoluíram, passou-se a produzir estátuas, cada vez mais fiéis à imagem desses seres "incomuns", dando origem à antropolatria, que é o culto a indivíduos elevados à condição de "deuses" ou divinizados ainda em vida.

A prática de venerar imagens sacras constitui um aspecto valioso da experiência humana, pois tais imagens têm o poder de despertar respeito, veneração, fé e um sentimento profundo de religiosidade nas pessoas.

Este resgate das formas ancestrais de conexão com o divino, mediante o culto a elementos naturais e a seres extraordinários, reflete uma busca contínua do ser humano por significado, proteção e orientação espiritual, demonstrando a importância de mantermos viva a chama dessas tradições milenares.

Podemos entender também as imagens como arquétipos das divindades humanizadas.

Mas o que São os Arquétipos?

Para Jung, arquétipos são padrões universais e fundamentais que residem no inconsciente coletivo da humanidade.

São considerados inatos e compartilhados por todas as culturas ao redor do mundo, independentemente da época ou localização geográfica. Eles não são aprendidos, mas estão presentes desde o nascimento, fazendo parte do substrato psíquico humano.

Representam padrões universais de experiências humanas, como nascimento, morte, maternidade, paternidade, herói, sombra, entre outros.

Eles se manifestam em mitos, contos de fada, religiões, sonhos e fantasias, desempenhando um papel crucial na formação da personalidade, na compreensão do mundo e na expressão criativa.

Para você entender um pouco melhor o conceito dos arquétipos, vou lhe dar um exemplo meu.

Se você for a algum curso ministrado por mim, verá que no meu altar sempre tem uma imagem de Nossa Senhora Aparecida.

Mas por que Eu Tenho Essa Imagem?

Simplesmente, porque nasci no Brasil e venho de uma família católica.

Na realidade, Nossa Senhora representa o arquétipo da mãe, do amor incondicional, da proteção, da devoção.

Em qualquer lugar do mundo para onde você for, vai encontrar representações desse mesmo arquétipo, nas diferentes tradições.

Nas Tradições Africanas, podemos encontrar Iemanjá e Oxum; no Egito Antigo, Ísis; na China, Kuan Yin; na Grécia Antiga, Deméter. Já no Japão, encontramos Senju Kannon; no Tibete, Avalokiteshvara, e por aí vai.

A minha intenção é que essa imagem me remeta a essa energia do amor incondicional e fortaleça minha conexão com o que é sagrado para mim.

Ficou um Pouco Mais Claro?

Ao refletirmos sobre a montagem de um altar, compreendemos que não se trata apenas de organizar objetos em um espaço físico, mas também de criar um ponto de conexão entre o nosso mundo e o divino, além de ser um ponto de irradiação de energia.

Cada elemento escolhido para compor o altar carrega consigo uma história, uma energia e uma intenção.

É importante lembrar que o altar é um reflexo do coração daquele que o monta, um espelho da sua jornada espiritual e das suas intenções mais profundas.

Assim, mais do que seguir regras rígidas, montar um altar é um ato de expressão pessoal, um convite para que o sagrado habite mais perto de nós.

Mediunidade e Benzimento

Entrar no mundo do Benzimento é como abrir uma porta para um espaço onde o humano e o espiritual se encontram e se entrelaçam.

E aqui estamos nós, prestes a explorar uma das facetas mais fascinantes dessa interação: a **mediunidade**.

Você já se perguntou sobre esse mecanismo intrigante que permite a alguns de nós perceber e comunicar-se com o além?

Mediunidade, em sua essência, é a capacidade inata de perceber, interagir e comunicar-se com o mundo espiritual, uma habilidade que, de diversas formas, está presente em maior ou menor grau em todos nós.

Perceba que utilizo aqui a palavra habilidade. Assim como tudo na vida, temos inclinações para determinadas atividades, mas se tratando de uma habilidade, ela pode ser desenvolvida.

Mas será que para benzer é imprescindível ter uma mediunidade ostensiva? E mais, como podemos distinguir entre o que é uma genuína comunicação espiritual e o que é fruto do nosso próprio pensamento?

Permita-me contar-lhe um pouco sobre o desenrolar das manifestações mediúnicas na humanidade, antes de avançarmos no Benzimento.

Na Antiguidade, as manifestações mediúnicas, frequentemente, assumiam um papel central nas sociedades.

Oráculos, xamãs e sacerdotes eram vistos como pontes entre o mundo físico e o espiritual, capazes de acessar sabedoria e poderes inacessíveis à maioria. Essas figuras eram essenciais para a orientação espiritual, a cura e a tomada de decisões importantes nas comunidades.

Suas práticas, muitas vezes envoltas em rituais e cerimônias elaboradas, eram vistas como um dom divino, ou uma habilidade especial, que exigia anos de treinamento e iniciação.

Com o passar dos séculos, a percepção e a prática da mediunidade sofreram transformações significativas, influenciadas por mudanças culturais, religiosas e científicas.

A Era do Iluminismo e o avanço do pensamento científico trouxeram um ceticismo crescente em relação ao sobrenatural, incluindo as práticas mediúnicas.

No entanto, foi também nesse período que o Espiritismo, como uma doutrina codificada, surgiu, trazendo uma nova compreensão e abordagem à mediunidade.

O Espiritismo propôs que a mediunidade não era um dom exclusivo de poucos escolhidos, mas uma capacidade inerente que poderia ser desenvolvida e aprimorada por qualquer pessoa.

Que Revolução, Hein?

Nos dias atuais, observamos uma evolução contínua na compreensão e na expressão da mediunidade, com uma tendência crescente no sentido da mediunidade intuitiva.

Essa forma de mediunidade se caracteriza por uma conexão mais sutil e direta com o plano espiritual, em que a intuição desempenha um papel central.

Em vez de manifestações ostensivas ou do uso de intermediários físicos, como na mediunidade de efeitos físicos, a mediunidade intuitiva se manifesta por meio de percepções internas, *insights* e uma sensação de "saber" que transcende a lógica convencional.

A mediunidade intuitiva reflete uma mudança na forma como percebemos e interagimos com o espiritual, marcando uma transição de práticas externas e ritualísticas para uma experiência mais pessoal e interiorizada da Espiritualidade.

Essa abordagem ressoa com um número crescente de pessoas que buscam uma conexão espiritual mais autêntica e individualizada, alinhada com a jornada pessoal de autoconhecimento e crescimento espiritual.

Desde o passado, aprendemos a admirar (e até idolatrar) aqueles que possuem a capacidade de se comunicar com o Mundo Espiritual, muitas vezes atribuindo a eles um poder quase exclusivo de acesso ao divino, tornando-os intermediários entre nós e Deus.

Mas agora isso está mudando! Cada vez mais as manifestações ostensivas estão diminuindo (como os efeitos físicos, possessões) e dando lugar ao sutil.

Estamos aprendendo que TODOS NÓS TEMOS ACESSO AO DIVINO. E o convite aqui é para que você tome consciência e pare de delegar as suas escolhas para o sacerdote, o padre, o pastor, etc.

Eles estão aqui para nos orientar, para nos trazer novos pontos de vista. Contudo, a responsabilidade pelas suas escolhas precisa ser sua!

O Benzimento pode nos ajudar muito a entrar em contato com essa dimensão mais sutil, e ampliar as nossas percepções do Mundo Espiritual e energético.

A Intuição é o Seu Melhor Guia!

A intuição pode auxiliá-lo(a) a sintonizar-se com a energia do indivíduo que busca ajuda. E essa sintonia intuitiva pode revelar não apenas a natureza do desequilíbrio ou da aflição enfrentada, mas também indicar o caminho mais eficaz para a cura.

Pode acontecer de termos *insights* ou inspirações sobre o que está acontecendo com o outro, ou como tratar, no momento em que estivermos realizando um Benzimento.

Como saber se a mensagem que estou recebendo vem de um ser espiritual ou é apenas o meu pensamento? Esse é o questionamento de quase todos os médiuns, iniciantes e experientes.

Quando comecei a desenvolver a minha mediunidade de incorporação, fiz inúmeras vezes esse questionamento à Vovó Jurema, minha Mentora. E ela me respondia: *"Fia, o que importa é a mensagem"*.

O que ela queria dizer com isso?

Vamos entender primeiramente como esse mecanismo funciona.

Se os nossos pensamentos, palavras e sentimentos são energia, estamos envoltos em uma teia energética com infinitas informações (inconsciente coletivo, inteligência infinita).

A nossa aura contém todo o material sutil emanado por nós, formando um campo energético.

É defendido por alguns pesquisadores que, fisicamente, o nosso cérebro é capaz de captar vibrações de pensamento emitidas por outros cérebros. Além de, ao entrarmos em contato com a aura de outras pessoas, também termos impressões e recebermos informações.

Primeiro ponto aqui: NEM TUDO É MEDIÚNICO. Nós temos a capacidade de perceber a energia do outro.

Seguindo o raciocínio, é importante entendermos também que todos nós fazemos o papel de um receptor (considerando que todos somos médiuns, em maior ou menor grau).

Podemos aqui fazer uma analogia com um rádio, ou seja, recebemos uma frequência e decodificamos essa energia, transformando em linguagem.

Essa energia passa pelo médium! Assim, também está passando por suas crenças, interpretações, história de vida, cultura, etc.

Portanto, MUITO bom senso para repassar essas informações adiante!

Nem tudo que percebemos é do outro, ou faz sentido para o outro.

Agora voltando à frase da Vó: *O que importa é a mensagem!*

Na verdade, é tudo junto e misturado. Podemos ter inspirações de entidades, podemos perceber o campo energético do outro por um mecanismo físico, podemos utilizar nosso próprio conhecimento.

Quanto às inspirações vindas das entidades, você realmente acredita que os guias de luz estão preocupados em receber créditos pela informação ou eles estão querendo que a mensagem seja recebida?

Por que nos preocupamos tanto em saber o nome de quem está nos passando a mensagem, se eles mesmos não se importam com isso?

O que vai acrescentar na sua vida você saber que o Caboclo tal, o Preto-Velho tal ou o médico tal está lhe passando uma mensagem?

As entidades nem utilizam os próprios nomes, normalmente usam o nome de uma falange espiritual, como Pai João, Caboclo Pena Branca, Dr. Fritz e por aí vai.

Se for para você saber o nome, no momento certo você saberá!

E se for o meu pensamento? Nesse instante, preocupe-se com a mensagem que você está passando. Se for uma mensagem de amor, que irá auxiliar o outro no que ele está buscando, maravilha, você está no caminho certo!

E como posso me conectar mais com a minha intuição com o Benzimento? Lembre-se de que a intuição é sutil. É uma voz interior que o(a)guia. Digo que é uma vontadezinha de utilizar um elemento, em detrimento do outro, ou de usar uma erva específica.

Basicamente, para que você possa ouvir a sua intuição, precisa minimamente silenciar os julgamentos internos, as verdades absolutas, as certezas, e abrir espaço para o SENTIR.

Se você conseguir ter momentos de silêncio e introspecção, será fundamental. Observe suas sensações, pensamentos, principalmente após um Benzimento. Isso ajuda a desenvolver uma consciência maior da própria intuição e a entender como ela se manifesta no contexto do Benzimento.

Outra dica é reservar um tempo para se conectar com cada elemento que você utiliza para benzer. Por exemplo, pegue o cachimbo nas suas mãos, feche os olhos para diminuir os estímulos e procure perceber se há alguma mudança de pensamento ou uma sensação diferente.

Faça isso com outros elementos, como terços, pedras, imagens, ervas e com o que você se conectar. Mas reserve alguns minutos para isso!

Ter uma prática constante também o(a) ajudará muito. Fortaleça a sua fé fazendo as suas orações diárias e invocando a presença dos seres que o(a) acompanham. Peça a eles que, de alguma forma, demonstrem a sua presença. **E permita-se sentir!**

Neste capítulo, aprendemos que a mediunidade não é um dom restrito a poucos, mas uma habilidade inerente a todos, que pode ser desenvolvida e aprimorada com prática e dedicação.

A mediunidade intuitiva, em particular, nos ensina a confiar em nossas percepções internas, permitindo-nos acessar uma comunicação mais direta e sutil com o espiritual.

Essa forma de mediunidade nos convida a refletir sobre a importância de ouvir nossa intuição, que se revela como um guia confiável no processo de Benzimento, ajudando-nos a identificar as necessidades daqueles que buscam nosso auxílio e a encontrar os melhores caminhos para sua cura.

Espero ter encorajado você a assumir a responsabilidade por sua própria jornada espiritual, reconhecendo que todos temos acesso ao divino e que podemos fortalecer nossa conexão com o espiritual pela prática consciente do Benzimento.

Ao nos conectarmos com a nossa intuição e com os elementos sagrados da nossa prática, somos capazes de criar um espaço de cura e transformação, tanto para nós mesmos quanto para aqueles que nos procuram.

A mensagem central é clara: ao nos permitirmos sentir e ao confiarmos na orientação de nossa intuição, abrimos caminho para uma prática de Benzimento mais profunda e significativa, marcada pela autenticidade e pelo compromisso com o bem-estar espiritual de todos.

Benzimento Feito a Distância. Funciona?

Imagine só: você está aqui e a pessoa que precisa de uma ajuda espiritual está lá, a quilômetros de distância. Parece algo como um filme de ficção científica, não é? Mas é aqui que a magia acontece.

O Benzimento a distância é essa prática incrível que nos permite enviar boas energias, proteção e cura para alguém que não está fisicamente por perto.

Nas práticas espirituais contemporâneas, essa forma de Benzimento tem se destacado bastante.

Vivemos em um mundo onde as distâncias se tornaram relativamente menores, graças à tecnologia. Mas, ainda assim, existem momentos em que não podemos estar lado a lado com aqueles que precisam de nós, por motivos de viagem, saúde ou qualquer outra circunstância que a vida nos apresenta.

É aí que entra o Benzimento a distância, como uma ponte invisível que une corações e almas, não importando as distâncias que nos separam.

Você pode se perguntar, com uma pitada de ceticismo ou curiosidade: *Como pode o pensamento e a intenção de uma pessoa influenciarem outra a quilômetros de distância?*

A resposta é simples, mas, ao mesmo tempo, profunda: por meio da intenção, da fé e da conexão espiritual. Esses três elementos são os pilares que sustentam e dão força ao Benzimento a distância.

Nossas reflexões nos levam também a um campo da ciência que tem fascinado e desafiado pesquisadores e pensadores por décadas: a Física Quântica.

A Física Quântica nos ensina sobre a interconexão fundamental de todas as coisas no universo, sugerindo que, em um nível mais profundo, as distâncias que percebemos no nosso mundo tridimensional podem não ser tão limitantes quanto imaginamos.

A ideia de entrelaçamento quântico, por exemplo, em que duas partículas se tornam interligadas de tal forma que o estado de uma influencia, de maneira instantânea, o estado da outra, independentemente da distância que as separa, abre nossas mentes para as possibilidades de conexão e influência a distância.

Quando falamos sobre Benzimento a distância, estamos nos referindo à capacidade incrível que temos de transcender as barreiras físicas por meio do amor e da fé.

Estamos falando sobre a beleza de poder ajudar e ser ajudado, não importa onde estejamos.

É uma lembrança de que, no fundo, estamos todos conectados, e que juntos, mesmo a distância, podemos fazer a diferença na vida uns dos outros.

Como se Preparar para Benzer

Caro(a) leitor(a), benzer é uma arte sagrada que requer muito mais do que apenas conhecer as palavras certas e os gestos adequados. Para ser um Benzedor ou uma Benzedeira de verdade, é preciso se preparar por inteiro — corpo, mente e espírito.

Imagine que você é um instrumento nas mãos de Deus, um canal por onde flui a energia curativa do Divino. Para que essa energia possa fluir livremente, é fundamental que você esteja em sintonia, afinado com a frequência do amor e da compaixão.

Vamos conversar aqui sobre alguns aspectos essenciais da preparação de um Benzedor. Vamos falar sobre a importância de cuidar do nosso equilíbrio físico, mental e emocional, de cultivar hábitos saudáveis, além de nos proteger de influências negativas.

Vamos aprender também sobre o autobenzimento, uma prática poderosa para nos fortalecer e nos harmonizar, antes de benzer outras pessoas. E vamos refletir sobre a postura adequada de um Benzedor, que deve ser sempre de humildade, respeito e serviço ao próximo.

Sei que pode parecer muita coisa para assimilar, mas não se preocupe. Vamos abordar cada tópico com calma e simplicidade, como numa conversa entre amigos. Afinal, o Benzimento é uma prática amorosa, que brota do coração e da fé.

Então, pegue seu cafezinho e se acomode! Respire fundo, eleve seu pensamento a Deus e vamos juntos.

Tenho certeza de que, ao final deste capítulo, você se sentirá mais confiante e capacitado para exercer seu dom de Benzedor, com sabedoria e compaixão.

Vamos lá!

Se queremos cuidar dos outros, precisamos antes cuidar de nós primeiro. Obviamente, todos nós temos as nossas dificuldades e não precisamos nos santificar para benzer ninguém!

Mas o primeiro ato de caridade precisa ser primeiramente conosco!

Para benzer com eficiência, necessitamos estar inteiros e equilibrados. Isso significa cuidar bem da nossa saúde física, mantendo hábitos saudáveis, como uma alimentação balanceada, hidratação adequada, exercícios regulares e sono reparador. Quando nosso corpo está bem, temos mais disposição e vitalidade para realizar nosso trabalho espiritual.

Eu percebo que muitas pessoas, ao iniciarem trabalhos espirituais, não dão a devida importância ao cuidado físico. Nosso corpo é o nosso templo, é a morada do nosso espírito, por isso devemos tratá-lo com a mesma sacralidade com que tratamos todas as outras coisas.

Mas não é só o corpo físico que precisa de atenção. Nossa mente e nossas emoções também devem estar em harmonia. Procure cultivar pensamentos positivos, que foquem o amor e a gratidão. Pratique a meditação, a oração e a contemplação da natureza, para aquietar a mente e se conectar com a sua essência divina.

Quanto às emoções, é normal nos sentirmos, algumas vezes, abalados pelas dificuldades da vida. Nesses momentos, é importante acolher nossos sentimentos com compaixão e sem julgamento. Busque apoio em pessoas de confiança, na fé e em práticas terapêuticas, como a Psicoterapia. Um Benzedor não precisa ser perfeito, mas necessita ser íntegro e estar em paz consigo mesmo.

Uma prática fundamental para todo Benzedor é o autobenzimento. Antes de benzer outras pessoas, é importante se benzer, pedindo proteção, fortalecimento e sabedoria.

O autobenzimento nos ajuda a limpar e equilibrar nosso campo energético, afastando influências negativas e nos sintonizando com as forças do bem.

Para se autobenzer, você pode usar as mesmas palavras e gestos que utiliza para benzer os outros, adaptando as intenções para si mesmo.

Por exemplo, você pode fazer o sinal da cruz sobre si mesmo, enquanto reza: "Eu me benzo em nome de Deus Pai, Deus Filho e Deus Espírito Santo. Que a força de Deus me proteja, me purifique e me ilumine, para que eu possa ser um instrumento de cura e de amor. Amém".

Você também pode usar defumações, banhos de ervas, orações específicas ou outros recursos que considerar adequados. O importante é fazer do autobenzimento um ritual diário, cultivando uma relação de amor e cuidado consigo mesmo.

Sugiro que você não utilize álcool, drogas ou outras substâncias. Um Benzedor precisa ter a consciência clara e o discernimento afiado para realizar seu trabalho. Por isso, é fundamental abster-se do uso de quaisquer substâncias que possam alterar a percepção da realidade.

Lembre-se de que, ao benzer, você está lidando com energias sutis e poderosas, além de estar entrando em contato com a vulnerabilidade de outras pessoas.

Qualquer interferência química pode prejudicar sua sintonia e sua capacidade de conduzir a energia curativa de forma adequada.

Fique atento também aos estímulos que o(a) cercam, tanto para o Benzimento quanto para a vida, pois é importante se cercar de estímulos positivos. Isso inclui leituras edificantes, músicas harmoniosas, imagens inspiradoras, bem como a convivência com pessoas amorosas e bem-intencionadas.

Vamos falar no próximo capítulo como você pode criar um ambiente sagrado e mais harmônico para o Benzimento.

Antes de começar a benzer, reserve alguns minutos para orar, meditar e se centrar. Respire profundamente, solte as tensões do corpo e da mente, e se entregue à energia amorosa do Criador. Peça a proteção e a orientação dos seus guias espirituais, dos anjos, dos santos e das entidades de luz que acompanham você.

Por fim, mas não menos importante, reflita sobre a postura que você deseja cultivar como Benzedor ou Benzedeira. Lembre-se sempre de que você é um servo de Deus, um instrumento da Sua vontade e do Seu amor. Portanto, aja com humildade, simplicidade e desapego.

Uma Tomada de Consciência Aqui é Necessária

Quando uma pessoa vai procurar um Benzimento, normalmente está passando por alguma dificuldade, o que a coloca em um lugar de vulnerabilidade e, muitas vezes, está altamente sugestionável.

Isso quer dizer que aquilo que você fizer ou disser para essa pessoa terá um peso muito grande e isso requer responsabilidade!

Não se deixe seduzir pela vaidade, pelo orgulho ou pela ganância. Confie que as pessoas que precisam da sua ajuda chegarão até você pela providência divina.

Acolha cada indivíduo que vem em busca de Benzimento com empatia, compaixão e sem julgamentos. Não tente adivinhar seus problemas, nem fazer diagnósticos. Apenas se coloque à disposição para interceder junto a Deus, com fé e amor.

Como já dissemos anteriormente, NINGUÉM CURA NINGUÉM. Não se esqueça disso.

Respeite as crenças e as escolhas de cada um, sem tentar impor suas próprias convicções.

Cultive o silêncio sobre o que lhe for confiado durante os Benzimentos. Não comente sobre a vida das pessoas nem exponha seus problemas. Seja um porto seguro de acolhimento e confidencialidade.

Sempre que terminar um Benzimento, não se esqueça de agradecer a Deus pela oportunidade de servir, e de pedir que Ele continue guiando e fortalecendo você nessa missão de fé e de amor.

Lembre-se de que não existe uma fórmula pronta nem um manual definitivo para ser um bom Benzedor.

Cada um tem seus próprios dons, seus próprios desafios e seu próprio caminho a trilhar. O importante é se entregar de coração aberto, confiar na sabedoria divina que habita em você, e perseverar com fé, esperança e amor.

Como Criar um Ambiente Sagrado para os Seus Benzimentos

Meu(Minha) querido(a) aprendiz, agora vamos falar sobre um aspecto muito importante da prática do Benzimento: **a criação de um ambiente sagrado**.

Ter um espaço dedicado, preparado e energeticamente limpo é fundamental para que as energias fluam com mais facilidade e para que você se sinta acolhido, protegido e inspirado durante os Benzimentos.

Antes de tudo, quero que saiba que não há uma fórmula única e rígida para criar um ambiente sagrado. Gosto de dizer que existe o ideal e existe o que dá para fazer!

O ideal é que você possa ter um espaço exclusivo para essa finalidade, com todos os elementos que vamos abordar aqui. Mas sabemos que nem sempre isso é possível, especialmente para quem mora em casas ou apartamentos pequenos, ou divide o espaço com outras pessoas.

Então, o que eu lhe digo é: faça o que estiver ao seu alcance, com os recursos que você tem. O mais importante é a sua intenção e a sua dedicação em criar um ambiente acolhedor e propício para a prática do Benzimento.

Mesmo que você não possa ter um altar fixo, por exemplo, pode improvisar um cantinho especial sempre que for benzer, com os elementos que tiver à mão. O sagrado mora no seu coração e na sua fé, lembre-se sempre disso.

Vamos começar falando sobre a preparação do espaço físico para os Benzimentos.

O ideal é que você escolha um local tranquilo, onde possa ficar à vontade, sem muitas interrupções ou barulhos. Um lugar onde o ar circula bem, trazendo leveza e renovação.

Se você tiver um quintal ou uma varanda, pode ser uma ótima opção, pois ali você estará em contato com a natureza, as plantas e o céu aberto.

Caso não tenha um espaço ao ar livre disponível, não tem problema. Você pode adaptar um cantinho da sala ou de algum outro cômodo da casa para ser o seu "Templo de Benzimento". O importante é que seja um lugar reservado, que você possa manter limpo e organizado, e onde se sinta em paz.

Falando em natureza, ter plantas e ervas por perto é sempre uma bênção. Elas trazem vitalidade, purificam o ar e nos conectam com a energia da Mãe Terra. Se possível, mantenha vasos com plantas ao redor do seu espaço de Benzimento ou mesmo um vasinho sobre o altar. Você também pode colher ervas frescas para usar nos Benzimentos, como arruda, alecrim, guiné, entre outras.

Outra dica é usar elementos decorativos que tenham um significado especial para você e que criem uma atmosfera sagrada. Pode ser uma toalha bonita forrando o altar, imagens de santos ou anjos, velas, incensos, cristais ou qualquer outro objeto que desperte em você um sentimento de reverência e conexão com o divino.

Lembre-se de que a simplicidade também é poderosa – não é preciso ter um altar cheio de coisas, mas um espaço que reflita a sua fé e a sua intenção.

Ah! Não podemos esquecer da limpeza física! Manter o ambiente organizado e higienizado é essencial. Antes de começar os Benzimentos, tire um tempinho para varrer o chão, tirar o pó, deixar tudo fresquinho. Essa limpeza externa também tem um efeito simbólico de purificação interna!

Além da limpeza e da organização, é fundamental trazer elementos de proteção para o seu espaço sagrado. Cristais são excelentes para isso, vamos dedicar um capítulo somente para eles!

Você pode ter alguns cristais sobre o altar ou mesmo espalhados pelo ambiente. As plantas também são grandes aliadas na proteção energética. Uma das mais conhecidas e usadas é a espada-de-são-jorge, que tem a fama de "cortar" as energias negativas e trazer purificação.

Você sabia que pode cultivar a espada-de-são-jorge dentro de casa? Ela é super-resistente e se adapta bem a ambientes internos. Ter um vaso dessa planta poderosa no seu espaço de Benzimento vai criar uma barreira de luz e de força.

Outra dica é manter por perto as ervas que você costuma usar nos Benzimentos, como a arruda, o alecrim e a guiné. Elas também têm propriedades energéticas de limpeza e proteção, além de perfumarem o ambiente com seus aromas sagrados.

Assim como existem lugares mais propícios para a prática do Benzimento, há também alguns locais que devem ser evitados. O principal deles é o banheiro, que é considerado um lugar de descarrego, onde as energias mais densas são eliminadas.

Não é adequado benzer no banheiro, a menos que seja uma situação de emergência e não haja outro espaço disponível.

O quarto de dormir também não é o mais indicado, pois é um local sagrado de descanso e recolhimento. É onde recarregamos nossas energias e processamos as vivências do dia.

Claro que, se você não tiver outro canto disponível, pode improvisar um altarzinho no quarto para os Benzimentos. Mas se puder evitar, melhor. Outro ponto importante é não benzer em locais onde estejam acontecendo festas com bebidas alcoólicas e agitação. O ambiente de Benzimento pede sobriedade, silêncio e introspecção. Festas têm a sua hora e o seu lugar, mas não combinam com a Prática Sagrada do Benzimento.

Agora que já falamos sobre a preparação do espaço físico, vamos abordar a preparação energética, que é tão ou mais importante.

De nada adianta ter um altar bonito e arrumado se a energia do ambiente estiver pesada ou contaminada, não é mesmo?

Uma das principais formas de limpar e purificar energeticamente um ambiente é por meio da defumação. Você pode usar um incenso natural, como o de mirra ou o de sálvia branca, ou preparar a sua própria mistura de ervas.

Acenda o incenso e, com a fumaça, vá "varrendo" todo o espaço, com a intenção de limpar e transmutar todas as energias estagnadas ou negativas. Não se esqueça de defumar também os objetos do altar e a si mesmo.

Além da defumação, existem outras técnicas de limpeza energética que você pode utilizar, como o uso de sinos, o borrifar de água-benta ou água de ervas e a imposição das mãos para canalizar energia de cura e limpeza. Use aquelas com as quais você mais se identifica e que fazem parte da sua prática.

Manter o hábito da oração também é fundamental para a manutenção de um ambiente sagrado. Ore quando estiver preparando o espaço, pedindo a proteção e a bênção divina. Reze antes, durante e depois dos Benzimentos. Converse com Deus, com os anjos, com os santos, com os seus guias espirituais. A oração sincera e fervorosa é um escudo de luz poderosíssimo.

E não podemos nos esquecer da meditação, que é uma prática que nos ajuda a aquietar a mente, a nos conectar com a nossa essência divina e a elevar as nossas vibrações.

Reserve um tempinho do seu dia para sentar-se em silêncio no seu espaço sagrado, respirar profundamente e entregar-se à presença amorosa de Deus. Isso vai fazer uma enorme diferença na energia do ambiente e na sua própria sintonia como Benzedor.

Pronto! Agora você já sabe como criar um ambiente sagrado para a prática do Benzimento, tanto no nível físico quanto energético.

Lembre-se de que o mais importante é fazer tudo com amor, com fé e com a intenção de servir como um canal de bênçãos para aqueles que o procuram.

Cuide do seu espaço sagrado com carinho e dedicação. Esteja aberto para sentir a energia do ambiente e fazer os ajustes necessários. Peça sempre a orientação divina e a proteção dos bons espíritos. Além disso, confie, confie muito, na força da sua fé e do seu propósito como Benzedor.

Como Utilizar Cristais para Proteger o Ambiente e se Proteger

No capítulo anterior, falamos sobre a importância de criar um ambiente sagrado para a prática do Benzimento. Agora, vamos aprofundar um pouco mais esse assunto, abordando uma ferramenta poderosíssima para a proteção energética: os **Cristais**.

Os cristais são verdadeiros presentes da natureza, com propriedades incríveis de limpeza, purificação e harmonização das energias.

Eles são formados a partir de processos geológicos que levam milhares ou até milhões de anos, o que faz com que carreguem em si uma sabedoria ancestral e uma vibração única.

Cada tipo de cristal tem as suas características e funções específicas, mas, de modo geral, todos eles são excelentes aliados para criar uma atmosfera de paz, equilíbrio e proteção, tanto no ambiente quanto em nós mesmos.

Um dos cristais mais conhecidos e utilizados para essa finalidade é o quartzo transparente. Ele é um verdadeiro "curinga", pois tem a capacidade de absorver, armazenar, irradiar, regular e desbloquear a energia.

O quartzo transparente atua no nível vibracional e sintoniza a energia específica requisitada pela pessoa que necessita da cura ou que está realizando o trabalho espiritual. Por conter todas as cores possíveis, ele trabalha em todos os níveis do ser.

Além disso, o quartzo transparente é considerado o receptor mais eficiente para programação. Isso significa que você pode "ensinar" o cristal a desempenhar uma função específica, de acordo com a sua intenção.

Para programar um quartzo transparente (ou qualquer cristal), basta segurá-lo na mão, conectar-se com a Espiritualidade e dizer, por exemplo: "Eu programo este cristal para [descrever o propósito]". Pode ser algo como: "para proteger o meu ambiente de energias negativas" ou "para ampliar a minha intuição durante os Benzimentos".

Outro cristal poderosíssimo para proteção é a obsidiana preta. Ela funciona como um verdadeiro escudo contra a negatividade, absorvendo as energias densas do ambiente, bloqueando ataques psíquicos e eliminando influências espirituais negativas. É um cristal que não pode faltar no seu altar e no seu *kit* de Benzedor.

A turmalina negra também é uma grande aliada na limpeza e na proteção energética. Ela tem a capacidade de purificar e transformar a energia densa, produzindo uma vibração mais leve. A turmalina negra ancora a energia espiritual, clareia e equilibra todos os chacras, e forma um escudo protetor em volta do corpo. Além disso, ela protege contra ataques psíquicos, encantamentos, mau-olhado e combate energias negativas de forma geral.

Para quem busca proteção, a hematita é, da mesma forma, uma excelente pedra. Ela tem o poder de dissipar a negatividade e evitar que energias negativas se prendam à nossa aura, restaurando a paz e a harmonia do corpo. É um cristal que ajuda a nos mantermos firmes e centrados, mesmo em meio a ambientes ou situações desafiadoras.

E não podemos nos esquecer da querida ametista, uma das pedras mais populares e amadas do mundo cristalino. Além de sua beleza hipnotizante, a ametista oferece uma proteção poderosa contra ataques psíquicos, transmutando a energia negativa em amor. Ela bloqueia as energias densas do ambiente, e tem um grande poder de cura e purificação.

Você pode utilizar também os cristais de maneira ativa no Benzimento. Uma das formas mais simples de usá-los é segurando-os durante as rezas e os gestos de cura.

Você pode escolher um ou mais cristais que ressoem com a intenção do Benzimento e mantê-los em suas mãos, enquanto realiza o atendimento. Por exemplo, se você está benzendo alguém para aliviar a ansiedade, pode segurar uma ametista, que é conhecida também por trazer paz e tranquilidade. Se o propósito é fortalecer o sistema imunológico, o quartzo verde pode ser uma boa pedida.

Outra maneira de usar os cristais é colocando-os diretamente sobre o corpo da pessoa que está recebendo o Benzimento, nos pontos que correspondem aos chacras ou nas áreas que precisam de cura.

Por exemplo, você pode posicionar um quartzo rosa sobre o chacra cardíaco para equilibrar as emoções e abrir o coração para o amor. Ou, então, colocar uma malaquita sobre o chacra do plexo solar para desbloquear energias estagnadas e trazer mais vitalidade.

Os cristais também podem ser usados para energizar a água ou outros líquidos que serão utilizados no Benzimento, como os chás e os banhos de ervas. Basta colocar o cristal escolhido dentro do recipiente com o líquido e deixar que ele absorva a vibração da pedra. Você pode, por exemplo, preparar uma água energizada com ametista para oferecer à pessoa durante o Benzimento, com a intenção de acalmar e trazer *insights* espirituais.

Além disso, os cristais podem ser incorporados em amuletos e patuás que você confecciona para as pessoas que atende. Você pode combinar diferentes pedras de acordo com as necessidades de cada um, criando um talismã personalizado e poderoso. Por exemplo, um patuá para proteção pode levar turmalina negra, obsidiana e hematita. Já um amuleto para atrair prosperidade pode conter citrino, pirita e esmeralda.

Mais uma dica interessante é criar uma mandala de cristais ao redor da pessoa que está recebendo o Benzimento. Você pode posicionar as pedras em um círculo ou em um formato específico, criando um campo energético de cura e proteção. Por exemplo, pode colocar quatro quartzos transparentes nos cantos da mesa ou da cama, formando um "escudo" ao redor do cliente. Ou, então, criar um círculo de ametistas envolvendo a pessoa, para elevar a vibração e facilitar a conexão espiritual.

Agora que você já conhece alguns dos principais cristais de proteção e cura, vamos falar sobre como cuidar deles. Assim como nós, os cristais também precisam de limpeza e recargas periódicas, para que possam desempenhar bem as suas funções.

Uma das formas mais simples e eficazes de limpar os cristais é colocá-los em água corrente ou imersos no mar ou em água salgada (para aqueles que não são quebradiços, nem articulados). Durante o processo, é importante intencionar que toda a negatividade seja eliminada e que o cristal seja reenergizado.

Outra técnica poderosa de limpeza é a defumação. Você pode defumar os cristais com incenso, ervas ou resinas, envolvendo-os com a fumaça sagrada e pedindo que todas as impurezas sejam transmutadas.

Alguns cristais também têm a propriedade de limpar outros. É o caso da cornalina e da selenita, que podem ser usadas para esse fim. Basta deixar o cristal que precisa ser limpo em contato com uma dessas pedras por algumas horas ou durante a noite.

Além da limpeza, é importante recarregar os cristais regularmente, para que eles mantenham as suas propriedades energéticas. Existem várias formas de fazer isso, como deixá-los sob a luz do Sol ou da Lua Cheia, enterrá-los na Terra, colocá-los em meio a plantas, entre outras. O importante é sempre agir com respeito e gratidão, honrando a natureza sagrada dos cristais.

Espero que este capítulo tenha trazido informações valiosas sobre como utilizar os cristais, a fim de criar um ambiente protegido e harmonioso para a prática do Benzimento. Lembre-se de que os cristais são nossos parceiros nesta jornada, e quanto mais nos conectamos com eles, mais nos auxiliam.

Ah! Antes que eu me esqueça, tenha sempre em mente que os cristais são um complemento, e não um substituto para as nossas práticas espirituais. Eles potencializam a nossa intenção e nossa fé, mas é a nossa conexão com o Divino que faz toda a diferença.

Então, use os cristais com sabedoria, com amor e com respeito. Peça a orientação dos seus guias espirituais na escolha e na utilização das pedras. E confie na proteção infinita de Deus, que está sempre ao nosso lado, nos abençoando e nos fortalecendo.

Posso Cobrar pelo Benzimento?

Uma das questões mais polêmicas e delicadas no universo do Benzimento é se podemos ou não cobrar pelos atendimentos que realizamos. Afinal, estamos lidando com um dom espiritual, uma habilidade que recebemos de Deus para ajudar as pessoas. Será que é certo cobrar por algo que nos foi dado de graça?

Muitos Benzedores acreditam que, por se tratar de um trabalho espiritual, devemos fazer um sacrifício pessoal e atender as pessoas sem cobrar nada em troca.

A ideia é que, se recebemos esse dom gratuitamente, também devemos compartilhá-lo de forma gratuita, como um ato de amor e caridade.

Outro argumento comum é que, se o Benzimento é um dom que recebemos de Deus, não temos o direito de cobrar por ele. Afinal, não foi algo que adquirimos por mérito próprio, mas uma graça divina que nos foi concedida para ajudar o próximo.

Há quem defenda que qualquer tipo de trabalho espiritual, como o Benzimento, a Mediunidade ou outras práticas, não deve ser cobrado.

A justificativa é que se trata de uma missão sagrada, um chamado divino, e que envolver dinheiro nesse processo seria uma forma de profanação.

Alguns cristãos argumentam que a própria Bíblia condena a cobrança por trabalhos espirituais, citando versículos como Mateus, 10:8, em que Jesus diz aos discípulos:

> *"Curem os enfermos, ressuscitem os mortos, purifiquem os leprosos, expulsem os demônios. Vocês receberam de graça; deem também de graça".*

Nesse versículo, Jesus está instruindo seus discípulos sobre como devem exercer o ministério que lhes foi confiado. Mas será que essa orientação se aplica a todos os cristãos, em todos os tempos?

É importante analisar o contexto em que Jesus disse essas palavras. Ele estava enviando seus discípulos para uma missão específica, com um propósito definido.

Será que podemos generalizar essa instrução para todas as situações? Se Jesus pretendesse criar uma regra que se aplicasse a todos, não a teria anunciado publicamente, para que toda a população a conhecesse? Por que Ele a mencionou apenas para seus seguidores mais próximos e não diante de todos?

Outra reflexão necessária é se as pessoas que defendem com veemência a não cobrança de trabalho espiritual seguem consistentemente outros ensinamentos de Jesus.

Será que elas amam seus inimigos, como Jesus ensinou? Será que elas dão a outra face, como Jesus disse? Será que elas devolvem o mal com o bem, não julgam ninguém e perdoam 70 vezes 7?

Muitas vezes, as pessoas escolhem seguir apenas os ensinamentos bíblicos que lhes convêm, ignorando outros que são igualmente importantes. Se vamos usar a Bíblia como referência, precisamos ser coerentes e aplicar todos os seus princípios em nossa vida.

Outros versículos bíblicos também são usados para condenar a cobrança por trabalhos espirituais, como Atos dos Apóstolos, 8:18-20, em que Pedro repreende severamente Simão por tentar comprar o poder do Espírito Santo; e na Segunda Carta aos Coríntios 2:17, na qual Paulo afirma que não negocia a palavra de Deus visando ao lucro. Mas será que essas situações são equivalentes a um Benzedor cobrar pelos seus serviços?

Apesar de todos esses argumentos contrários à cobrança pelo Benzimento, acredito que precisamos ter um novo olhar sobre essa questão. Será que existe alguma atividade humana que não seja, em essência, espiritual?

Afinal, somos todos seres espirituais vivendo uma experiência na matéria. Se entendermos que tudo o que fazemos tem uma dimensão espiritual, podemos questionar a separação entre trabalhos "espirituais" e "não espirituais".

Quando um advogado defende uma causa justa, quando um gari mantém a cidade limpa, quando um pedreiro constrói um lar para uma família, eles também estão prestando um serviço espiritual, pois estão contribuindo para o bem-estar das pessoas e para a evolução da humanidade.

Outro ponto a ser considerado é que o Benzimento não é um dom restrito a poucas pessoas "escolhidas". Todos nós temos a capacidade de benzer, de canalizar a energia divina para ajudar o próximo. O que varia é o grau de desenvolvimento e dedicação de cada um a essa prática.

Além disso, o dinheiro, em si, não é bom nem mau. Ele é simplesmente uma energia de troca, um meio de manifestação divina no plano material. Quando uma pessoa paga por um Benzimento, ela está trocando a energia do seu trabalho (representada pelo dinheiro) pela energia do trabalho do Benzedor. É uma troca justa e equilibrada de energias.

Muitas pessoas não questionam o fato de terapeutas cobrarem por sessões de Reiki ou outras técnicas energéticas. Então, por que com o Benzimento deveria ser diferente? Ambos são trabalhos de cura e harmonização energética.

Se o Benzimento é um trabalho tão importante e valioso, por que os Benzedores não podem se dedicar a ele de forma integral e ter uma vida digna, sustentando a si mesmos e suas famílias?

Talvez a resistência em aceitar a cobrança pelo Benzimento esteja relacionada ao fato de que essa prática, da forma como era realizada no passado, esteja se tornando cada vez mais rara. Mas isso não significa que ela não possa se adaptar aos novos tempos e encontrar novas maneiras de expressão.

Deus é um Pai amoroso que deseja o melhor para seus filhos. Será que Ele ficaria feliz em ver aqueles que se dedicam ao Benzimento passando por necessidades e privações? Como as pessoas que se dedicam exclusivamente a trabalhos espirituais se sustentam e pagam suas contas? Essa é uma questão prática que não pode ser ignorada. Se um indivíduo dedica todo o seu tempo e energia ao Benzimento, como ele vai garantir o seu sustento e o de sua família? É justo exigir que ele tenha outra profissão paralela?

Quando um Benzedor cobra por um atendimento, ele não está cobrando pela energia em si, que de fato é gratuita. O que está sendo cobrado é o seu tempo, a sua disponibilidade, o seu conhecimento, os recursos materiais utilizados – enfim, tudo aquilo que também é cobrado em qualquer outro trabalho.

Um Benzimento envolve muito mais do que simplesmente fazer uma oração ou um gesto. Há todo um preparo, um estudo, um aprimoramento constante. E tudo isso demanda tempo, dedicação e investimento por parte do Benzedor.

Dito isso, é fundamental fazer um alerta: o Benzimento lida com pessoas que, muitas vezes, estão vulneráveis, fragilizadas, em busca de ajuda e conforto. Por isso, é preciso ter muito cuidado e responsabilidade ao cobrar por esse trabalho. Um Benzedor nunca deve se aproveitar da fragilidade de quem o procura para obter vantagens financeiras. O Benzimento não pode ser encarado como uma forma de enriquecimento fácil e sem escrúpulos.

Quem pensa que vai ficar rico cobrando por Benzimentos é melhor rever os seus conceitos. O Benzimento é um trabalho sério, que exige muito do Benzedor, e não uma fórmula mágica para ganhar dinheiro.

Nenhum Benzedor pode garantir a cura de uma doença ou a solução de um problema. O Benzimento é um auxílio, um apoio, mas não uma promessa infalível. É preciso deixar isso sempre muito claro para as pessoas atendidas.

O Benzedor deve ser sempre honesto e transparente em relação ao seu trabalho. Não pode haver nenhum tipo de enganação ou ilusão envolvida. A pessoa atendida precisa saber exatamente o que está recebendo e o que pode esperar daquele Benzimento.

Por mais poderoso e transformador que seja, o Benzimento não é um milagre instantâneo. Ele age de forma gradual, sutil, respeitando o tempo e o processo de cada pessoa. Não se podem criar expectativas irreais em torno dos seus efeitos.

Portanto, cobrar ou não cobrar pelo Benzimento é uma decisão pessoal, que cada Benzedor deve tomar de acordo com a sua consciência e a sua necessidade. O mais importante é ter uma intenção verdadeira de ajudar, independentemente de receber algo em troca.

Se o seu olhar está na pessoa atendida e não no dinheiro, se você está fazendo aquilo com amor e dedicação, então está no caminho certo.

Se decidir cobrar pelo seu trabalho como Benzedor, saiba que tem todo o meu respeito e apoio. Afinal, você está oferecendo um serviço valioso e merece ser recompensado por isso. Mas se optar por não cobrar, também tem a minha admiração, pois está fazendo um ato de amor e caridade.

O importante é seguir o que o seu coração manda e fazer a diferença na vida das pessoas, da maneira que for melhor para você.

Lembre-se sempre: tudo é uma questão de intenção. Se a sua intenção é pura e verdadeira, se você está fazendo o bem e ajudando o próximo, então está cumprindo a sua missão neste mundo, cobrando ou não pelo Benzimento. O resto é secundário.

O que importa mesmo é o amor que você coloca em tudo o que faz. Esse amor é a maior dádiva que você pode oferecer a alguém. E ele, sim, não tem preço.

Mitos do Benzimento

Ao longo dos anos, muitos mitos e crenças foram se desenvolvendo em torno da prática do Benzimento. Alguns deles têm raízes profundas na tradição popular, enquanto outros surgiram de interpretações pessoais ou de contextos específicos.

Neste capítulo, vamos explorar alguns desses mitos, e refletir sobre sua relevância e aplicabilidade nos dias de hoje.

Um dos mitos mais comuns é a ideia de que não se pode benzer depois das 18 horas. Comenta-se que esse é o horário em que os anjos dizem amém e as plantas se recolhem, marcando o fim do dia. Alguns associam o nascer do sol à energia da abertura das flores e o pôr do sol ao fechamento, sugerindo que o Benzimento deve acompanhar esses ciclos naturais. No entanto, é importante lembrar que essas crenças podem ter origens práticas. Antigamente, muitas Benzedeiras eram também donas de casa e mães, e o período logo após as 18 horas era o único momento que tinham para cuidar de suas próprias famílias e afazeres domésticos.

Pessoalmente, acredito que o Benzimento pode ser realizado em qualquer horário, desde que haja uma intenção genuína e uma conexão profunda com a Espiritualidade. A energia do amor e da cura não está limitada a um período específico do dia. O mais importante é estar presente, focado e alinhado com o propósito sagrado do Benzimento.

Outro mito comum é a ideia de que a mulher não pode benzer durante o período menstrual. Essa crença pode ter raízes em tabus antigos relacionados à menstruação e à ideia de impureza. Contudo, é fundamental ressaltar que a menstruação é um processo natural e sagrado, que representa o poder criativo e a renovação da vida. A mulher, em todas as fases do seu ciclo, é um ser completo e capaz de canalizar energias curativas. Não há nada de impuro ou proibitivo em benzer durante a menstruação. Na verdade, algumas tradições consideram esse período um momento de maior sensibilidade e intuição, o que pode enriquecer a prática do Benzimento.

Há também a crença de que não se pode benzer em determinadas fases da Lua, como a Lua Nova ou a Lua Cheia. Embora a Lua tenha uma influência energética reconhecida em diversas tradições, acredito que a eficácia do Benzimento não depende exclusivamente desse fator. A intenção, a fé e a conexão com o sagrado são os elementos fundamentais. Cada Benzedor pode desenvolver sua própria relação com as fases da Lua e incorporá-las em sua prática, de acordo com sua intuição e experiência.

Por fim, existe o mito de que é preciso ter um dom espiritual especial para benzer. Embora algumas pessoas possam ter uma sensibilidade natural mais aguçada, acredito que o Benzimento é uma prática acessível a todos que tenham o desejo sincero de ajudar e curar. O dom do Benzimento está no amor, na compaixão e na disposição de servir como canal para as energias curativas. Com estudo, prática e dedicação, qualquer pessoa pode desenvolver e aprimorar suas habilidades de Benzimento.

É importante lembrar que esses mitos e crenças fazem parte da riqueza e da diversidade da tradição do Benzimento. Eles refletem a sabedoria ancestral e as experiências de muitas gerações. No entanto, como Benzedores, temos a liberdade de questioná-los, adaptá-los e ressignificá-los de acordo com nossa própria jornada espiritual e as necessidades do nosso tempo.

O Benzimento é uma prática viva, que se renova a cada encontro, a cada oração, a cada gesto de amor. Que possamos abraçar essa tradição com respeito, discernimento e abertura, permitindo que ela nos guie e nos inspire em nossa missão de levar cura e conforto a todos os que buscam nossa ajuda.

SEGUNDA PARTE

Meditação: Encontrando o Seu Mentor de Benzimento

Meu querido amigo, minha querida amiga! Convido você agora a embarcar em uma jornada especial, uma meditação profunda que nos conectará com uma força maior, um guia espiritual que nos acompanhará durante nossos Benzimentos. Esse Mentor pode ser também um ancestral, uma energia protetora que estará ao nosso lado, oferecendo sabedoria, amor e direção.

Uma dica: Grave essa meditação com a sua voz e, depois, escute-a, para se entregar melhor ao processo.

Você pode fazer essa meditação quantas vezes quiser. A cada vez irá se conectar mais com essa energia. Não se preocupe caso não tenha uma visualização clara, apenas busque sentir a presença amorosa.

Antes de começarmos, lembre-se de que o Benzimento reside na simplicidade. Encontre um lugar tranquilo, onde possa se sentir confortável e seguro. Sente-se ou deite-se em uma posição relaxada e feche os olhos suavemente.

Comece a respirar profundamente, trazendo sua atenção para o seu corpo e para o ritmo da sua respiração. Sinta o ar preenchendo seus pulmões, trazendo consigo uma sensação de calma e tranquilidade. A cada expiração, permita que seu corpo relaxe mais e mais, soltando qualquer tensão ou preocupação.

Imagine agora uma luz divina descendo do alto do Cosmos, envolvendo todo o seu ser. Essa luz ilumina cada célula, cada órgão, chegando até os cantos mais profundos da sua alma. Conforme essa luz o preenche, sinta uma energia positiva e relaxante se espalhando por todo o seu corpo.

Focalize sua atenção em cada parte do seu corpo, começando pela cabeça, em seguida pelo pescoço e pelos ombros. Sinta essa região relaxando por completo. Se encontrar algum ponto de tensão, respire profundamente e permita que a energia flua de maneira livre. Continue esse processo, relaxando seus braços, mãos, tórax, abdômen, pélvis, pernas e pés. Todo o seu corpo está imerso em um estado de profundo relaxamento e bem-estar.

Agora, permita que sua imaginação o(a) leve a um lugar na natureza, um espaço sagrado onde você possa se conectar com a terra e as plantas ao seu redor. Pode ser um local familiar ou um cenário que surge de forma espontânea em sua mente.

Visualize cada detalhe desse ambiente – as cores vibrantes, os sons suaves, os aromas reconfortantes. Sinta a textura da terra sob seus pés, a energia vital que emana do solo, nutrindo e revitalizando seu ser. A brisa gentil acaricia sua pele, trazendo consigo uma sensação de paz e harmonia.

Enquanto caminha por essa paisagem encantadora, você avista uma árvore majestosa à sua frente, convidando-o(a) a se aproximar. A cada passo dado em direção a essa árvore, seu corpo se torna mais leve e relaxado, entregando-se completamente à experiência. Ao chegar perto da árvore, cumprimente-a com respeito e gratidão, sentindo a conexão profunda com toda a sua energia.

Acomode-se, confortavelmente, à sombra acolhedora que ela oferece.

Neste momento, convide a presença do seu Mentor Espiritual, seu Guia de Benzimento, para se juntar a você. Não tente controlar o processo, apenas permita que a imagem ou a sensação surja naturalmente. Mesmo que não consiga visualizar com clareza, confie na presença amorosa que está ao seu lado.

Se esse Mentor for alguém desconhecido, acolha-o com o coração aberto. Pergunte gentilmente quem é e como poderá auxiliá-lo(a) nos Benzimentos e em sua jornada de vida. Questione também sobre os instrumentos que você pode utilizar durante os Benzimentos, permitindo que as respostas ecoem do seu coração. Aproveite este instante precioso para esclarecer todas as suas dúvidas e inquietações.

Seu Mentor tem um presente especial reservado para você. Esteja receptivo para recebê-lo. Quando o presente chegar até suas mãos, abrace-o com gratidão e sinta a energia positiva que ele irradia. Saiba que esse presente estará sempre com você, acompanhando-o(a), guiando-o(a) e fortalecendo-o(a) em todos os momentos. Se tiver alguma dúvida sobre o significado ou a utilização desse presente, pergunte ao seu Mentor com confiança.

Agora, é chegado o momento de se despedir, mas lembre-se de que é apenas um "até breve". Com um abraço caloroso, expresse sua gratidão pela presença do seu Mentor Espiritual e por essa experiência transformadora. Aos poucos, traga sua consciência de volta para o seu corpo físico, fazendo algumas respirações profundas e movendo suavemente suas mãos e seus pés.

Abra os olhos lentamente, trazendo consigo a paz, a clareza e a conexão que vivenciou durante essa meditação. Saiba que, a partir de agora, você tem um aliado poderoso ao seu lado, pronto para guiá-lo(a) e inspirá-lo(a) em sua jornada como Benzedor. Confie na sabedoria que reside em seu coração e permita que ela se manifeste por meio de suas palavras, gestos e intenções.

Que esta meditação seja um portal para uma nova etapa em sua caminhada, repleta de amor, cura e propósito. Lembre-se sempre de honrar a presença do seu Mentor Espiritual e de cultivar essa conexão sagrada em cada Benzimento que realizar.

Com amor e gratidão, siga adiante, meu querido leitor, minha querida leitora, confiante no poder transformador que habita em você.

Introdução às Práticas

Querido amigo, querida amiga!

Nas páginas anteriores, mergulhamos juntos em uma jornada de descoberta e reflexão sobre o Benzimento. Compartilhei com você a minha história pessoal e como essa prática ancestral se tornou parte integral da minha vida. Exploramos a essência do Benzimento, entendendo-o como uma manifestação de energia e intenção, sustentada pelo poder da palavra e pela fé.

Também discutimos questões importantes, como quem pode benzer e o que pode ser benzido. Aprendemos sobre os elementos presentes no Benzimento, a consagração dos objetos e a importância de orações e rituais. Refletimos sobre a montagem do altar, a relação entre Mediunidade e Benzimento, bem como a eficácia do Benzimento a Distância.

Além disso, abordamos aspectos práticos, como a preparação para benzer, a criação de um ambiente sagrado e o uso de cristais para proteção. Questionamos mitos e crenças populares, buscando um entendimento mais profundo e alinhado com nossa própria experiência e intuição.

Agora, chegou o momento de colocar todo esse conhecimento em prática. Nesta segunda parte do livro, você encontrará um **Guia Completo** e detalhado para realizar seus próprios

Benzimentos. Aqui, vamos explorar técnicas, orações, gestos e rituais que você poderá incorporar em sua prática diária.

Lembre-se de que o Benzimento é uma arte que se aprimora com a experiência e a dedicação. Não tenha medo de adaptar e personalizar as orientações, de acordo com sua intuição e as necessidades de cada circunstância. Confie na sabedoria que reside em seu coração e na conexão com o sagrado que você cultivou ao longo desta jornada.

Antes de começar, reserve um momento para se conectar com sua espiritualidade e pedir a orientação dos seus Mentores Espirituais. Crie um espaço sagrado, pode ser um altar dedicado ou um local da natureza que lhe transmita paz e harmonia. Reúna os elementos e os objetos que irá utilizar, consagrando-os com amor e intenção.

Ao realizar cada Benzimento, mantenha-se presente e focado. Permita que a energia do amor e da cura flua por você, confiando no poder das palavras e dos gestos. Seja um canal de luz e esperança para aqueles que buscam alívio e conforto.

Lembre-se também de cuidar de si mesmo. O autocuidado é essencial para manter-se equilibrado e capaz de servir aos outros. Pratique o autobenzimento regularmente, nutrindo seu próprio corpo, mente e espírito.

Ao longo desta parte prática, você encontrará exemplos, sugestões e orientações para diversas situações. Sinta-se à vontade para explorar e adaptar essas práticas, de acordo com sua realidade e as necessidades daqueles que você atende.

Que esta jornada prática seja repleta de descobertas, crescimento e realizações. Que cada Benzimento realizado seja uma expressão do seu amor e da sua fé, trazendo alívio, conforto e transformação para todos os envolvidos.

Com Gratidão e Bênçãos,
Ju

A Minha Oração

Meu querido leitor, minha querida leitora, você se recorda de quando compartilhei com você a minha história com o Benzimento e a chegada das "Benzedeiras do Astral"? Aquele momento foi um divisor de águas em minha jornada, pois recebi um presente precioso: **uma oração simples, porém profundamente transformadora**.

Enquanto as Benzedeiras do Astral me acompanhavam e benziam as pessoas, elas repetiam incessantemente:

"Que Nossa Senhora cure a sua dor e que Nossa Senhora cure o seu sofrimento".

Essas palavras ecoavam em meu coração, trazendo uma sensação de paz e conforto indescritível.

Desde a minha infância, sempre tive uma conexão especial com Mãe Maria e todas as suas manifestações. Vinda de uma família católica, a presença de Nossa Senhora era constante em minha vida, nas orações, nos altares ou na igreja. Essa ligação se fortaleceu ainda mais por meio do Benzimento.

Durante os Benzimentos, estou sempre balbuciando essa singela oração, como um mantra sagrado. É como se cada repetição fosse uma invocação do amor incondicional de Nossa Senhora, pedindo a sua intercessão para curar as dores e os sofrimentos daqueles que buscam auxílio.

No entanto, é importante ressaltar que a prece não se limita a uma fórmula fixa. Em alguns momentos, sinto-me inspirada a recitar outras orações tradicionais, como a *Ave-Maria*, o *Pai-Nosso* ou o *Credo*.

Porém, sempre faço do meu jeito, adaptando os dizeres para que se alinhem melhor à minha crença e à energia do momento. Afinal, a oração é um diálogo íntimo com o sagrado, e cada um de nós tem sua própria forma de se conectar.

Um ponto fundamental que aprendi com as Benzedeiras do Astral é que, ao proferir essa oração, estou pedindo a intercessão de Nossa Senhora para que ELA realize as curas necessárias. Não sou eu quem está curando, mas sim Ela, por meu intermédio.

Essa compreensão traz uma grande libertação, pois nos lembra de que somos instrumentos do amor divino, canais por onde a graça pode fluir.

Contudo, o mais importante é que você encontre as suas próprias orações, aquelas que tocam profundamente o seu coração. Deixe-se guiar pela sua intuição, pela sua fé e pela sua conexão com o sagrado. Não tenha medo de criar suas próprias palavras, de expressar seus anseios e gratidão da forma mais autêntica possível.

Lembre-se de que a oração é um ato de entrega e confiança. Ao entregar suas preces à Nossa Senhora, ou a qualquer outra manifestação do divino que lhe seja cara, você está abrindo o seu coração para receber as bênçãos e as orientações necessárias. É um momento de profunda conexão consigo mesmo e com a espiritualidade que habita em você.

Portanto, permita-se experimentar, explorar e aprofundar sua relação com a oração. Deixe que as palavras fluam, de dentro para fora, carregadas de amor, fé e intenção. Confie na sabedoria do seu coração e na presença amorosa dos seres de luz, que estão sempre prontos a interceder por nós.

Lembre-se: A oração mais poderosa é aquela que brota do seu coração. Confie nela, confie em você e confie no amor infinito de Deus.

Como Eu Faço Meus Benzimentos e Como Você Pode Fazer os Seus

Chegou o momento de compartilhar com você como eu realizo os meus Benzimentos e oferecer algumas orientações para que possa desenvolver a sua própria prática. Lembre-se de que cada Benzedor tem seu jeito único de benzer, e o mais importante é seguir a sua intuição e o que faz sentido para você.

Quando recebo alguém para benzer, gosto de criar um ambiente acolhedor e sagrado. Você pode escolher atender a pessoa em pé, sentada ou deitada, de acordo com o que for mais confortável para ambos. Pessoalmente, prefiro benzer sentada, pois me sinto mais conectada e concentrada.

Antes de começar, gosto de ter à mão alguns elementos que me auxiliam no Benzimento. As ervas são minhas grandes aliadas, e sempre deixo próximas a mim aquelas com as quais tenho mais afinidade, como a arruda, o alecrim, a espada-de-são-jorge e outras.

Quando a pessoa se acomoda à minha frente, fecho os olhos por um instante e faço uma breve oração em silêncio. Nesse momento, chamo os meus guias espirituais para me auxiliarem e me coloco como um canal de Deus e das mãos de Mãe Maria. Peço para que a energia de cura flua por mim, a fim de que eu possa ser um instrumento de amor e compaixão.

Em seguida, abro meus olhos e direciono minha atenção para a pessoa à minha frente. Procuro sentir, com a minha intuição, do que ela precisa naquele momento. Cada Benzimento é único, pois cada ser traz consigo uma história, uma dor ou uma necessidade específica.

Começo então a balbuciar as orações, deixando que as palavras fluam naturalmente. Como já dissemos, você pode usar orações tradicionais, como o *Pai-Nosso* ou a *Ave-Maria*, ou criar as suas próprias preces, de acordo com a sua fé e a sua conexão com o divino. O importante é que as palavras venham do coração, e estejam imbuídas de amor e intenção de cura.

Durante o Benzimento, costumo fazer alguns movimentos com as mãos para direcionar a energia. Um deles é a imposição de mãos, em que coloco minhas mãos próximas ou sobre a pessoa, sem tocá-la necessariamente. Sinta a energia fluindo pelas suas mãos, e visualize-a envolvendo a pessoa em uma luz de cura e proteção.

Outro movimento que gosto de fazer é o de dispersão de energia. Com as mãos abertas, ou utilizando as ervas, faça movimentos suaves de varredura, começando pela cabeça do atendido e descendo até os pés. Imagine que você está retirando qualquer energia densa ou negativa que possa estar afetando a pessoa, e que essa energia está sendo transmutada em luz. Repita esse movimento algumas vezes, até sentir que a limpeza energética está completa.

Ao longo do Benzimento, esteja atento às suas percepções e intuições. Você pode sentir a necessidade de focar alguma parte específica do corpo da pessoa, ou de oferecer alguma orientação ou conselho. Confie na sabedoria que vem do seu coração e no direcionamento dos seus Mentores Espirituais.

Percebo também se é necessário utilizar outros elementos. Se for, vou usando, como sentir no momento.

Quando sentir que o Benzimento está chegando ao fim, faça um agradecimento silencioso a Deus, aos seus guias ou à energia que você chamou para acompanhá-lo(a).

Agradeça pela oportunidade de servir como um canal de cura e pela confiança que a pessoa depositou em você.

Ao finalizar, verifique se o indivíduo está se sentindo bem. Alguns clientes podem experimentar emoções intensas durante ou após o Benzimento, e é importante oferecer um espaço seguro para que possam se expressar e se recompor.

Ofereça um copo com água, um abraço acolhedor ou simplesmente sua presença compassiva.

Antes de iniciar os Benzimentos, eu gosto de fazer uma defumação no espaço e na pessoa.

Você vai aprender no próximo capítulo, até lá!

Como Fazer uma Defumação

A defumação é uma prática ancestral presente em diversas culturas ao redor do mundo. Ela consiste em queimar ervas, resinas, incensos e outros elementos naturais com o propósito de purificar o ambiente, as pessoas e os objetos, afastando energias negativas e promovendo a harmonização do espaço.

No contexto do Benzimento, a defumação é uma ferramenta poderosa para preparar o ambiente antes de iniciar os trabalhos de cura. Ela cria uma atmosfera sagrada, propícia para a conexão com o divino e para a manifestação das energias de cura.

Os benefícios da defumação vão além da purificação energética e espiritual do ambiente.

Essa prática ancestral também pode ter um impacto positivo na saúde e no bem-estar do corpo. Um dos principais benefícios é a capacidade da defumação de desfazer miasmas.

Miasmas são considerados energias densas e negativas que se acumulam em ambientes e nas pessoas ao longo do tempo. Eles podem ser resultantes de emoções pesadas, pensamentos negativos, doenças ou até mesmo de eventos traumáticos que ocorreram no local. Essas energias estagnadas podem afetar o bem-estar físico, causando sintomas como fadiga, dores de cabeça, problemas respiratórios e uma sensação geral de mal-estar.

A fumaça produzida durante a defumação tem a capacidade de quebrar e dissipar essas energias densas. As ervas utilizadas, como a sálvia, o alecrim e a arruda, possuem propriedades purificadoras e desintoxicantes. Quando queimadas, elas liberam compostos químicos voláteis que interagem com o ambiente e com o corpo, promovendo uma limpeza energética profunda.

Ao desfazer os miasmas, a defumação permite que a energia vital circule livremente pelo espaço e pelo corpo, desbloqueando os canais energéticos e estimulando a capacidade natural de cura do organismo. Isso pode resultar em uma melhora geral da saúde, aumentando a vitalidade, a clareza mental e a resistência imunológica.

Além disso, muitas ervas utilizadas na defumação possuem propriedades medicinais reconhecidas. Por exemplo, a sálvia é famosa por suas propriedades anti-inflamatórias e antibacterianas, podendo ajudar a aliviar problemas respiratórios e fortalecer o sistema imunológico. O alecrim, por sua vez, é um estimulante natural que pode melhorar a circulação sanguínea e aliviar dores musculares.

A inalação da fumaça durante a defumação também pode ter efeitos benéficos. As partículas aromáticas das ervas podem atuar diretamente no sistema respiratório, ajudando a desobstruir as vias aéreas e a aliviar sintomas de congestão nasal, asma e alergias. Ademais, o aroma das ervas pode ter um efeito calmante e relaxante, reduzindo o estresse e a ansiedade.

Lembre-se de usar ervas de boa qualidade, frescas e de procedência confiável. Algumas pessoas podem ser sensíveis à fumaça, então, é importante estar atento a qualquer desconforto e adaptar a prática, de acordo com as necessidades individuais.

Para realizar uma defumação, você precisará de alguns elementos básicos:

Ervas secas:
escolha ervas com propriedades purificadoras, como sálvia, alecrim, arruda, guiné, entre outras. Você pode usar uma única erva ou uma combinação delas, de acordo com a sua intuição e o propósito da defumação.

Carvão vegetal:
utilize carvão vegetal próprio para defumação, disponível em lojas de produtos naturais ou esotéricos. Evite usar carvão comum, pois ele pode conter substâncias tóxicas.

Recipiente para a defumação:
pode ser um incensário, uma concha, um prato de barro ou qualquer outro recipiente resistente ao calor. Certifique-se de que o recipiente seja adequado para conter as brasas e as ervas em chamas.

Fósforo ou isqueiro:
para acender o carvão vegetal.

Pena ou leque:
opcional, para direcionar a fumaça durante a defumação.

Passo a Passo para a Defumação:

1 – Encontre um local tranquilo e ventilado para realizar a defumação. Pode ser ao ar livre ou em um cômodo com janelas abertas.

2 – Reúna todos os elementos necessários: ervas secas, carvão vegetal, recipiente para a defumação, fósforo ou isqueiro.

3 – Acenda o carvão vegetal usando o fósforo ou isqueiro. Aguarde até que ele esteja completamente aceso e com uma brasa incandescente. Você pode acendê-lo também no fogão.

4 – Coloque o carvão aceso no recipiente para a defumação. Tenha cuidado para não se queimar.

5 – Deposite uma pequena quantidade das ervas secas sobre o carvão. Elas começarão a queimar e liberar a fumaça aromática.

6 – Com as mãos ou com a ajuda de uma pena ou leque, direcione a fumaça para o ambiente, para as pessoas presentes e para os objetos que deseja purificar.

7 – Enquanto defuma, mentalize a limpeza e a purificação do espaço. Você pode recitar orações ou afirmações positivas, pedindo a proteção e a bênção do divino.

8 – Percorra todos os cômodos do ambiente, defumando os cantos, as portas, as janelas e os objetos significativos. Não se esqueça de defumar a si mesmo também.

9 – Quando sentir que a defumação está completa, agradeça ao divino pela limpeza e pela proteção. Deixe a fumaça se dissipar naturalmente.

10 – Descarte as cinzas das ervas e do carvão em um local apropriado, de preferência na terra ou em uma planta, do lado de fora da casa.

Lembre-se de que a defumação é um ato sagrado e deve ser realizada com respeito e reverência. Esteja presente e concentrado durante todo o processo, mantendo a intenção clara de purificação e harmonização.

Você pode realizar a defumação antes de começar os Benzimentos, para preparar o ambiente e se conectar com a Espiritualidade. Também pode defumar após os atendimentos, para limpar e renovar as energias do espaço.

Além disso, a defumação pode ser usada em momentos de transição, como mudanças de casa, início de novos projetos ou em datas especiais, como Ano-Novo ou solstícios.

Caso você prefira, pode utilizar um incenso ou um cachimbo. Lembre-se também de utilizar incensos de boa qualidade.

Explore diferentes combinações de ervas e descubra aquelas que mais ressoam com você.

Confie na sua intuição e na sabedoria ancestral que habita em cada planta!

Como Usar uma Cruz para Benzer

A cruz é um dos símbolos mais antigos e universais da humanidade, carregado de profundos significados espirituais e místicos. Presente em diversas culturas e religiões, a cruz representa a interseção entre o divino e o humano, o encontro entre o céu e a terra, a união dos opostos em busca da totalidade.

No Cristianismo, a cruz é o símbolo máximo da fé, representando o sacrifício de Jesus Cristo em prol da redenção da humanidade. A cruz cristã é formada por uma linha vertical, que simboliza a conexão entre o céu e a terra, e uma linha horizontal, que representa a ligação entre as pessoas e a comunhão dos fiéis.

Mas a simbologia da cruz vai além da tradição cristã. Em muitas culturas ancestrais, a cruz era vista como um símbolo de proteção, de equilíbrio e de orientação. Os quatro braços da cruz representavam os quatro pontos cardeais, as quatro direções do espaço sagrado, indicando a totalidade e a plenitude.

Na Tradição Xamânica, a cruz pode ser associada à Árvore da Vida, que conecta os mundos superiores e inferiores, o visível e o invisível. A cruz também é relacionada aos quatro elementos da natureza – Terra, Água, Fogo e Ar – e às quatro estações do ano, representando os ciclos de nascimento, crescimento, morte e renascimento.

Nos Benzimentos, a cruz se torna um instrumento de cura e proteção, capaz de canalizar e direcionar a energia divina. Quando fazemos o sinal da cruz sobre uma pessoa ou um objeto, estamos invocando a presença do sagrado e criando um escudo energético contra qualquer influência negativa.

A cruz também simboliza a integração das polaridades, a harmonização dos aspectos masculino e feminino, do consciente e do inconsciente, da luz e da sombra.

Ao trabalhar com a cruz nos Benzimentos, estamos buscando o equilíbrio e a totalidade do ser, restaurando a conexão com a essência divina que habita em cada um de nós.

Além disso, a cruz é um lembrete constante da nossa fé e da nossa entrega ao divino. Quando seguramos a cruz durante um Benzimento, estamos reafirmando nossa confiança na proteção e no direcionamento dos Seres de Luz e dos nossos Mentores Espirituais. A cruz se torna um ponto de ancoragem, um símbolo tangível da nossa conexão com o sagrado.

Ao contemplar a cruz, somos convidados a refletir sobre o mistério da vida e da morte, sobre o amor incondicional que move o Universo e sobre a nossa própria jornada de evolução espiritual. A cruz nos lembra de que, mesmo nos momentos mais desafiadores, estamos amparados pela graça divina e pela força que vem da nossa fé.

Existem diferentes tipos de cruz que podem ser utilizadas nos Benzimentos, desde as cruzes tradicionais de madeira até as cruzes de metal, como as de prata ou de aço. Algumas pessoas também utilizam cruzes com pedras incrustadas, como o cristal de quartzo ou a ametista, pois acreditam que amplificam a energia de cura.

Escolha uma cruz com a qual se identifique e que desperte em você um sentimento de reverência e conexão com o sagrado.

Pode ser uma cruz que tenha sido abençoada por um sacerdote, uma cruz de família passada de geração em geração ou, simplesmente, uma cruz que você tenha adquirido e consagrado com suas próprias orações.

Não se esqueça de limpá-la energeticamente antes de utilizar para benzer! Essa limpeza energética remove qualquer energia densa ou negativa que possa estar impregnada na cruz.

A forma de iniciar os Benzimentos é sempre a mesma. Você pode seguir as minhas orientações prévias ou criar o seu próprio método.

Aproxime-se da pessoa que receberá o Benzimento e, com a cruz na mão, faça o sinal da cruz sobre ela, traçando uma linha vertical desde a testa até o peito e uma linha horizontal de um ombro a outro. Enquanto faz esse gesto, mentalize a energia de cura e proteção envolvendo a pessoa.

Em seguida, você pode percorrer o corpo da pessoa com a cruz, começando pela cabeça e descendo até os pés. Mantenha a cruz a uma pequena distância do corpo, permitindo que a energia flua livremente. Conforme você move a cruz, vá recitando suas orações ou afirmações de cura, com fé e intenção.

É sempre importante se lembrar de prestar atenção às suas intuições durante o Benzimento com a cruz. Você pode sentir a necessidade de parar em algum ponto específico do corpo, onde a energia esteja mais bloqueada ou no qual a pessoa esteja sentindo dor. Nesse caso, mantenha a cruz nesse local por alguns instantes, visualizando a energia de cura penetrando profundamente e dissolvendo qualquer desequilíbrio.

Ao finalizar o Benzimento com a cruz, faça novamente o sinal da cruz sobre a pessoa, selando a energia de proteção.

Agradeça, como de costume, pela oportunidade de servir como um canal de cura e pela bênção derramada sobre o indivíduo benzido.

Lembre-se de que a cruz é um símbolo sagrado, por isso deve ser tratada com respeito e reverência. Mantenha-a sempre limpa e energizada, guardando-a em um local especial quando não estiver em uso. Você pode criar um pequeno altar para a sua cruz, junto a outras imagens e objetos sagrados que o(a) conectam com a Espiritualidade.

Além de benzer outras pessoas, você também pode usar a cruz para o seu próprio Benzimento e proteção. Sempre que sentir necessidade, faça o sinal da cruz sobre si mesmo(a), invocando a energia divina para envolvê-lo(a) e fortalecê-lo(a).

Lembre-se de que a cruz é um instrumento, mas o verdadeiro poder de cura vem da sua fé, da sua intenção e da sua conexão com o sagrado. Confie na sabedoria ancestral que habita em você, e permita que a energia de amor e compaixão flua através da cruz e do seu coração.

Benzimento com Adaga ou Faca

Assim como a cruz, a adaga e a faca são instrumentos poderosos nos trabalhos de Benzimento. Esses objetos carregam uma simbologia profunda, associada à proteção, à coragem e à capacidade de romper com energias densas e limitantes.

Antes de tudo, é importante ressaltar que o uso da adaga ou da faca nos Benzimentos deve ser feito com muito respeito, cuidado e responsabilidade. Esses instrumentos não devem ser utilizados de forma leviana ou imprudente, pois seu poder de corte energético é intenso e preciso.

Em um nível mais profundo, a faca e a adaga representam a capacidade de discernimento, de separar o joio do trigo, o essencial do supérfluo.

Quando utilizamos esses instrumentos nos Benzimentos, estamos invocando a clareza mental e a sabedoria para identificar e cortar as raízes das energias densas e limitantes que afetam a nós mesmos, além daqueles que buscam a nossa ajuda.

A lâmina da faca ou da adaga simboliza a precisão e a assertividade necessárias para lidar com as questões energéticas e espirituais.

Assim como um cirurgião habilidoso, o Benzedor ou a Benzedeira deve ser capaz de identificar os pontos de bloqueio e desequilíbrio, e agir com firmeza e compaixão para restaurar a harmonia e a saúde.

Além disso, a faca e a adaga são símbolos de proteção e coragem. Quando empunhamos esses instrumentos durante um Benzimento, estamos invocando a força interior para enfrentar e superar os desafios, sejam eles de natureza física, emocional ou espiritual.

A presença da faca ou da adaga nos lembra de que temos o poder de cortar os laços que nos prendem ao medo, à dúvida e à negatividade.

Em muitas tradições espirituais, a faca e a adaga também estão associadas ao elemento ar, que representa a mente, o intelecto e a comunicação. Ao trabalhar com esses instrumentos, estamos ativando a nossa capacidade de discernimento, de análise e de expressão clara das nossas intenções e propósitos.

Ao escolher uma adaga ou faca para os seus Benzimentos, opte de preferência por uma peça que seja confeccionada em um metal nobre, como a prata ou o aço inoxidável. E sem corte para não causar acidentes!

Evite utilizar facas de cozinha comuns, pois elas podem carregar energias residuais de alimentos e não possuem a mesma carga simbólica de um instrumento ritualístico.

Quando for benzer alguém com a adaga ou a faca, comece se conectando com a sua espiritualidade. Faça uma oração silenciosa, pedindo a proteção e a orientação de Deus, de Nossa Senhora e dos seus guias espirituais. Segure o instrumento com firmeza e respeito, mantendo-o próximo ao seu coração.

Aproxime-se da pessoa que será benzida e, com a adaga ou a faca na mão, faça movimentos de corte no ar ao redor do corpo dela. Visualize que você está cortando e dissolvendo qualquer energia densa, negativa ou limitante que possa estar afetando a pessoa. Enquanto realiza esses movimentos, vá recitando suas orações ou afirmações de libertação e proteção.

Pode ser que você sinta a necessidade de fazer movimentos de corte mais intensos em alguma área específica do corpo, na qual a energia esteja mais bloqueada ou estagnada. Confie na sua intuição!

Ao finalizar o Benzimento com a adaga ou a faca, faça um gesto de selamento energético ao redor da pessoa, criando uma espécie de escudo de proteção.

Lembre-se de que a adaga e a faca são instrumentos de grande poder e devem ser manuseados com consciência e respeito.

Além de benzer outras pessoas, você também pode usar a adaga ou a faca para o seu próprio Benzimento e proteção energética. Sempre que sentir a necessidade de cortar laços negativos, dissolver bloqueios emocionais ou mentais ou fortalecer a sua aura, você pode utilizar esses instrumentos.

Benzimento com Ervas

As ervas e as plantas medicinais são dádivas preciosas da natureza, carregadas de propriedades curativas e energias sutis, que podem ser grandes aliadas nos trabalhos de Benzimento. Desde tempos imemoriais, nossos ancestrais reconheciam a sabedoria das plantas, e as utilizavam para curar o corpo, a mente e o espírito.

Cada erva possui uma vibração única e pode ser usada de acordo com a necessidade específica de cada pessoa que busca o Benzimento.

Algumas ervas são calmantes e relaxantes, como a camomila e a lavanda, ajudando a aliviar a ansiedade e o estresse.

Outras são purificadoras e protetoras, como a arruda e o alecrim, auxiliando na limpeza energética e na criação de um escudo contra energias negativas.

Antes de utilizar as ervas nos Benzimentos, é fundamental estabelecer uma conexão respeitosa e amorosa com elas. Converse com as plantas, peça permissão para colhê-las e agradeça pela generosidade em compartilhar suas propriedades curativas.

Colha as ervas de forma consciente, sem desperdiçar, sempre deixando algumas folhas e flores para que a planta possa se regenerar.

A forma mais comum nos Benzimentos é utilizar ramos de ervas.

Quem não se remete à imagem de uma senhorinha com um raminho da mão, quando pensa em Benzimento?

Os ramos de ervas frescas são poderosos instrumentos para o Benzimento, capazes de transmitir a energia vital da natureza e de promover uma limpeza energética profunda.

Quando utilizamos os ramos para benzer uma pessoa, estamos invocando a força curativa das plantas e direcionando essa energia para restaurar o equilíbrio e a harmonia do corpo, da mente e do espírito.

Algumas ervas mais comumente usadas são o alecrim, a arruda, o guiné, a alfazema, o manjericão, a sálvia, a abre-caminhos e muitas outras.

Cada uma dessas ervas possui propriedades energéticas específicas, como a proteção, a purificação, a abertura espiritual e a elevação da vibração.

Faça a sua preparação pessoal e do ambiente como preferir. Você pode segurar o ramalhete de ervas com a mão direita, perto do seu coração, e concentre-se na sua intenção.

Aproxime-se da pessoa que receberá o benzimento e, com o ramalhete na mão, comece a fazer movimentos suaves ao redor do corpo dela, como se estivesse acariciando sua aura com as ervas. Inicie pelo alto da cabeça e vá descendo até os pés, sempre com movimentos de cima para baixo, como se estivesse "varrendo" as energias densas e negativas.

Enquanto realiza esses movimentos, vá recitando suas orações ou afirmações de cura, invocando a energia sagrada das ervas e direcionando-a para a limpeza e o fortalecimento energético da pessoa.

Você pode utilizar também os ramos fazendo o sinal da cruz sobre o atendido. Se você sentir necessidade de fazer algum movimento diferente disso, apenas faça! Siga a sua intuição.

Após o uso, preferencialmente, descarte o ramalhete de ervas na natureza, enterrando-o ou deixando-o em um local sagrado, como um jardim ou uma mata. Caso não seja possível, simplesmente agradeça e descarte onde for possível.

Se você for benzer outra pessoa em seguida, nunca utilize o mesmo ramo. Nós entendemos que ele já cumpriu o seu papel, então utilize outro.

Há também outras formas de utilizar as ervas.

Outra maneira comum é fazer um chá ou infusão, colocando as folhas e as flores secas em água quente e deixando repousar por alguns minutos. Esse chá pode ser utilizado para banhos energéticos, para aspergir o ambiente ou para ser ingerido pela pessoa que está recebendo o Benzimento. A defumação é outra forma pela qual se podem utilizar as ervas, técnica que já explicamos.

Você também pode utilizar um recipiente com água (já consagrada anteriormente) e usando o próprio ramalhete como aspersório, borrife suavemente a água sobre a pessoa.

Lembre-se de ir balbuciando e intencionando as suas orações.

Confie na sabedoria ancestral que habita em cada folha, em cada flor, em cada raiz.

Lembre-se sempre de tratar as ervas com reverência e gratidão. Elas são seres vivos, dotados de uma consciência sutil e de uma generosidade imensa. Ao honrar as plantas e ao aprender com a sua sabedoria, você estará fortalecendo a sua própria essência curadora e expandindo a sua capacidade de ser um canal de amor e de transformação.

Por fim, você também pode fazer uma mistura de ervas secas e misturar ao tabaco para utilizar no Benzimento com cachimbo, que falaremos no próximo capítulo.

Vejo você lá!

Benzimento com o Cachimbo

Chegamos a um dos meus instrumentos preferidos: o **cachimbo**!

O cachimbo representa a união dos quatro elementos da natureza: a Terra, presente no fornilho de argila ou madeira; a Água, simbolizada pela saliva que umedece a erva; o Fogo, aceso para queimar a erva; e o Ar, que carrega a fumaça sagrada.

Quando fumamos o cachimbo com consciência e reverência, estamos invocando o equilíbrio e a harmonia desses elementos dentro de nós mesmos.

Existem diversos tipos de cachimbo que podem ser utilizados nos trabalhos de Benzimento, cada um com suas características e simbolismos próprios. A escolha do cachimbo vai depender da sua afinidade pessoal, da tradição espiritual que você segue e da intuição que o(a) guia no momento do Benzimento.

Um dos cachimbos mais comuns é o de barro, também conhecido como cachimbo de cerâmica ou pito. Ele é feito de argila modelada e queimada, geralmente em formato de cone ou de cuia. O cachimbo de barro pode representar a conexão com a Terra, a estabilidade e o enraizamento.

Outro tipo de cachimbo muito utilizado é o de madeira, esculpido em raízes, galhos ou troncos de árvores sagradas, como o ipê, a jurema e a aroeira. O cachimbo de madeira simboliza a ligação com as forças da natureza, a sabedoria ancestral e o poder da cura vegetal.

Há também o cachimbo de pedra, talhado em minerais como a ágata, o quartzo e a obsidiana. O cachimbo de pedra representa a firmeza, a clareza e a transmutação energética.

Alguns Benzedores utilizam ainda o cachimbo de osso, feito a partir de ossos de animais de poder, como o veado, a águia e o búfalo. O cachimbo de osso simboliza a conexão com os espíritos animais, a coragem e a regeneração.

Na Tradição Indígena, o cachimbo é um elemento sagrado e central nas tradições espirituais de diversos povos ao redor do mundo, especialmente nas Américas.

Para os Indígenas, o cachimbo é muito mais do que um objeto de uso pessoal, ele é um portal de conexão com o Grande Espírito, com os ancestrais e com as forças da natureza.

Nas culturas indígenas norte-americanas, como as dos Lakota, dos Navajo e dos Hopi, o cachimbo é conhecido como "Chanunpa" ou "Petynguá". Ele é feito de um fornilho de pedra vermelha, chamada de "catlinita", e de um canudo de madeira, geralmente de salgueiro ou de freixo.

O fornilho representa o ventre da Mãe Terra, já o canudo simboliza a ligação entre a Terra e o Céu.

Antes de fumar o cachimbo, os Indígenas oferecem a fumaça sagrada para as seis direções: Leste, Sul, Oeste, Norte, Pai Céu e Mãe Terra. Essa oferenda é uma forma de honrar e de invocar as forças espirituais que regem cada uma dessas direções, pedindo a sua proteção, sabedoria e bênção.

Eles acreditam que, ao fumar o cachimbo, estão nutrindo a sua conexão íntima com o Grande Espírito e recebendo orientações preciosas para a sua jornada na Terra.

Podemos ainda aprender um pouco mais com essas tradições. Na maioria das Tradições Indígenas, especialmente nas norte-americanas, não se costuma tragar a fumaça do cachimbo, ou seja, puxá-la para dentro dos pulmões. Em vez disso, os indígenas praticam o que chamam de "respiração sagrada" ou "sopro sagrado".

A respiração sagrada consiste em puxar a fumaça do cachimbo para dentro da boca, saboreando o seu aroma e a sua essência, em seguida soprar a fumaça para fora, em direção ao alto ou para as seis direções sagradas. Esse gesto tem um profundo significado espiritual e cerimonial.

Ao não tragar a fumaça, os indígenas estão demonstrando que o propósito do cachimbo não é a gratificação pessoal ou a alteração da consciência, mas a conexão com o Grande Espírito e a oferenda das suas orações e intenções.

A fumaça é vista como um veículo sagrado, que leva as preces dos humanos até o Mundo Espiritual, e traz as bênçãos e as orientações dos seres superiores até a Terra.

Os indígenas acreditam que o cachimbo é um ser vivo, dotado de um espírito próprio, e que deve ser tratado com o máximo respeito e cuidado. Tragar a fumaça seria uma forma de profanação desse instrumento sagrado, que foi abençoado e consagrado para servir como um elo entre o mundo humano e o mundo divino.

É importante ressaltar que, para os indígenas, o uso do cachimbo não é um hábito recreativo ou um vício, mas uma prática espiritual e medicinal, que deve ser realizada com consciência, reverência e propósito. Eles respeitam profundamente o poder do tabaco sagrado e das outras ervas que compõem a mistura do cachimbo, utilizando-as sempre com parcimônia e com a devida preparação física, mental e espiritual.

Sugiro que busquemos inspiração na sabedoria ancestral indígena nos nossos Benzimentos. Essa atitude de respeito e de sacralidade diante do cachimbo nos convida a refletir sobre a nossa própria relação com as plantas de poder e com os instrumentos sagrados que usamos em nossos trabalhos espirituais.

Para utilizar o cachimbo no Benzimento, normalmente usamos um tabaco natural puro ou com ervas secas. O tabaco é considerado uma planta mestra, capaz de limpar os campos sutis e de abrir os caminhos espirituais.

Antes de acender o cachimbo, faça uma oração silenciosa, pedindo a permissão e a proteção dos seus guias espirituais. Segure o cachimbo com a mão esquerda, próximo ao coração, e com a mão direita, acenda a erva no fornilho. Sopre suavemente para que a erva comece a queimar de maneira uniforme.

Enquanto fuma o cachimbo, mantenha-se concentrado na sua intenção. Visualize a fumaça sagrada envolvendo todo o seu corpo e o espaço ao seu redor, transmutando todas as energias negativas e densas. Você pode soprar a fumaça em direção à pessoa que está benzendo, começando pela coroa da cabeça e descendo até os pés. Pode soprar também fazendo o sinal da cruz, no topo da cabeça, na altura do estômago, acima do ombro direito e acima do ombro esquerdo.

Lembre-se de que o cachimbo é um instrumento de poder e de responsabilidade. Ele deve ser utilizado sempre com respeito, consciência e humildade, como uma forma de honrar a sabedoria ancestral e de servir como um canal de cura para si mesmo e para os outros.

Benzimento com Água

A água é um dos elementos mais sagrados e poderosos que temos à nossa disposição para os trabalhos de Benzimento e cura energética.

Diversas tradições espirituais ao redor do mundo reconhecem a água como uma fonte de purificação, de regeneração e de transformação, tanto no plano físico quanto nos planos sutis.

Uma das características mais notáveis da água é a sua capacidade de absorver, armazenar e transmitir informações e vibrações sutis, tanto positivas como negativas.

Do ponto de vista científico, a água é conhecida como o "solvente universal", em razão de sua habilidade de dissolver e de incorporar uma ampla variedade de substâncias químicas. Essa propriedade se deve à estrutura molecular da água, formada por dois átomos de hidrogênio e um de oxigênio, que se organizam em uma geometria angular e polar, criando uma espécie de "ímã" que atrai e se liga a outras moléculas.

No plano energético, a água funciona de maneira semelhante, atraindo e absorvendo as vibrações do ambiente ao seu redor, sendo elas sutis ou densas.

Quando entramos em contato com uma energia densa, como a raiva, o medo, a inveja ou a tristeza, essa energia fica impregnada em nosso campo áurico e pode nos causar desequilíbrios e bloqueios energéticos. É aí que entra o poder purificador da água.

Ao interagir com as energias densas, a água é capaz de "dissolvê-las" e de "diluí-las", neutralizando a sua carga negativa e restaurando o fluxo harmônico de energia em nosso sistema. Por isso, tomar banhos energéticos, beber água fluidificada e borrifar água-benta nos ambientes são práticas tão comuns e eficazes no Benzimento e na limpeza energética.

Outra propriedade fascinante da água é a sua capacidade de responder aos nossos pensamentos e às nossas emoções. Experimentos científicos, como os realizados pelo pesquisador japonês Masaru Emoto, demonstraram que a estrutura molecular da água se altera de acordo com as vibrações a que ela é exposta. A água que recebe palavras e sentimentos positivos, como amor e gratidão, tende a formar cristais harmoniosos e belos, enquanto a água exposta a energias negativas, como ódio e ressentimento, forma estruturas caóticas e desagradáveis.

No Benzimento, a água é utilizada de várias formas para limpar, equilibrar e energizar os campos áuricos das pessoas, dos ambientes e dos objetos.

Uma das práticas mais comuns é a aspersão de água-benta ou água fluidificada, que consiste em borrifar a água consagrada sobre o que se deseja benzer, acompanhando com orações e invocações de proteção e de descarrego.

Faça a Sua Própria Água-Benta

Uma vez fui visitar uma Benzedeira no interior de Minas Gerais. Ela tinha um jeito muito peculiar de fazer os Benzimentos: recebia as pessoas com um copo de água filtrada, fazia as suas orações diretamente na água e dava para a pessoa beber aquela água imantada. Simples assim!

Você também pode preparar uma água energizada para que a pessoa benzida possa tomar ao longo do dia, como uma forma de dar continuidade ao tratamento energético.

Para isso, escolha uma água de boa qualidade e coloque-a em uma garrafa de vidro. Segure a garrafa com as duas mãos, e mentalize a água sendo preenchida com as energias de cura, de vitalidade e de equilíbrio. Você pode soprar a sua intenção dentro da água ou recitar mantras e orações de ativação sobre ela.

Outra forma é utilizando um copo de vidro com água filtrada. Esse copo deve ser usado apenas para Benzimentos e não para uso pessoal.

Você pode fazer movimentos circulares na aura da pessoa, começando do topo da cabeça e indo até os pés. Se quiser, pode fazer nas costas também.

Alguns Benzedeiros ensinam que, quando você faz o giro em sentido horário, está "abrindo" a energia ou o campo energético da pessoa. Já quando faz em sentido anti-horário, você está "fechando" a energia. Faça da forma que você sentir que o movimento deve ser feito. O importante é que você vá imaginando o que intenciona para essa pessoa. Por exemplo, pode imaginar que toda a carga negativa ou energias desarmônicas estão sendo absorvidas pela água.

Imediatamente após esse Benzimento, descarte a água, de preferência em um vaso de plantas ou algum lugar com água corrente.

Dica da Ju

Há uma forma muito interessante de usar a água e o carvão ativado para limpeza de ambientes.

O carvão ativado é um material natural, obtido a partir da queima controlada de madeiras, cascas de coco ou outros elementos orgânicos, o qual passa por um processo de ativação para aumentar a sua porosidade e a sua capacidade de absorção.

Na medicina natural e na terapêutica energética, o carvão ativado é reconhecido pelas suas poderosas propriedades de purificação e desintoxicação. Ele age como uma espécie de "esponja" que atrai e retém em sua superfície uma ampla variedade de substâncias tóxicas, impurezas, bactérias e vírus, tanto no plano físico quanto no plano sutil.

Para utilizar o carvão ativado na filtragem energética da água, você vai precisar de um copo de vidro transparente, água filtrada ou mineral e um pedaço de carvão ativado em bastão ou em pó. Comece limpando o copo com água corrente e, em seguida, coloque a água filtrada ou mineral até cerca de dois terços da capacidade do copo.

Pegue o carvão ativado e, antes de colocá-lo na água, faça uma oração ou invocação para que ele seja ativado com as energias de purificação e de proteção.

Você pode segurar o carvão entre as mãos, depois, mentalizar uma luz branca e brilhante envolvendo-o e impregnando-o com a intenção de transmutação e de limpeza energética.

Em seguida, coloque suavemente o carvão ativado dentro do copo com água, sem agitar muito para não levantar resíduos. Se estiver usando o carvão em pó, você pode colocar uma colher de chá rasa para cada copo de água. Deixe o copo com o carvão em um local estratégico do ambiente que você deseja equilibrar, como próximo à porta de entrada, em cima de um móvel ou no centro do cômodo.

O carvão ativado começará imediatamente a absorver e a neutralizar as energias densas e desarmônicas do ambiente, atraindo-as para si como um ímã. A água do copo servirá como um veículo para a circulação e a transmutação dessas energias, dissolvendo-as e liberando-as em uma forma mais sutil e equilibrada.

É importante trocar a água com o carvão ativado diariamente ou sempre que você sentir que ela está sobrecarregada de energias densas. Para descartá-la, despeje a água em um vaso de plantas ou no solo de um jardim, com a intenção de devolver as energias transmutadas para a terra.

O carvão ativado pode ser reutilizado por alguns dias, mas é recomendável trocá-lo por um novo quando você perceber que ele está saturado ou quando sua cor estiver muito escura.

Além de filtrar as energias do ambiente, o copo com água e carvão ativado também podem ser usados para energizar e proteger objetos e substâncias que você utiliza nos trabalhos de Benzimento, como os cristais, as velas, os óleos essenciais e os florais. Basta colocar esses elementos próximos ao copo, ou mesmo dentro dele (no caso dos cristais), para que eles sejam limpos e recarregados energeticamente.

Quanta informação incrível, não é mesmo?

Agora que já aprendemos muitas maneiras de utilizar o elemento água no Benzimento, vamos aprender a usar o fogo por meio das velas.

Vamos juntos?

Benzimento com Vela

A vela é muito mais do que um simples objeto de cera com um pavio. Ela é um símbolo rico e profundo, que evoca uma série de significados e associações arquetípicas, tanto no plano material quanto no plano espiritual.

Desde os tempos antigos, a vela tem sido usada em rituais religiosos, cerimônias místicas e práticas de magia, sempre como um elemento de conexão entre o mundo visível e o mundo invisível.

Um dos simbolismos mais evidentes da vela é a sua associação com a luz. A chama da vela representa a luz da consciência, a centelha divina que habita em cada ser humano e que nos permite enxergar além das aparências, iluminando os caminhos da sabedoria e da verdade.

Na Tradição Cristã, a vela é um símbolo de Cristo, a "Luz do Mundo" que dissipa as trevas do pecado e da ignorância, guiando as almas de volta ao Pai.

Além da luz, a vela também simboliza o Elemento Fogo, um dos quatro elementos primordiais da natureza, além da Terra, da Água e do Ar. O Fogo é associado à energia vital, à paixão, à transformação e à purificação.

Assim como o fogo consome tudo o que é impuro e obsoleto, transmutando a matéria em luz e calor, a chama da vela tem o poder de queimar as energias negativas, os padrões limitantes e os apegos que nos impedem de evoluir espiritualmente.

Outro aspecto simbólico da vela é a sua verticalidade, que representa a conexão entre o céu e a terra, o espírito e a matéria. A vela, quando acesa, aponta para cima, em direção ao divino, indicando o caminho da ascensão e da transcendência.

Ao mesmo tempo, a base da vela está firmemente apoiada na terra, simbolizando o nosso enraizamento no mundo físico e a necessidade de manifestar a nossa luz na realidade concreta.

A cera da vela também tem um significado simbólico importante. Assim como a cera é moldada e transformada pelo calor da chama, a nossa consciência é moldada e transformada pelo fogo do Espírito Santo, que nos purifica e nos torna mais receptivos à graça divina.

A cera também representa a nossa humanidade, a nossa natureza mortal e imperfeita, que é consumida pelo amor de Deus, deixando brilhar a nossa essência imortal e divina.

O pavio da vela, por sua vez, simboliza a nossa fé, a nossa conexão íntima e constante com a fonte da vida. Assim como o pavio precisa estar aceso para que a vela possa brilhar, a nossa fé necessita estar viva e ardente para que possamos irradiar a luz do amor e da sabedoria. O pavio também representa o nosso canal de comunicação com o plano espiritual, o fio sutil que nos liga a nossos guias, anjos e mestres invisíveis.

Sobre as cores das velas, obviamente sabemos que existe uma influência, pois cada cor tem a sua vibração e frequência:

De forma geral as velas brancas simbolizam a pureza, a paz, a proteção e a Espiritualidade.

As velas azuis evocam a tranquilidade, a harmonia, a intuição e a comunicação divina.

As velas verdes representam a cura, a prosperidade, a abundância e o equilíbrio.

As velas amarelas estimulam a criatividade, a alegria, o otimismo e a iluminação mental.

As velas cor de laranja ativam a vitalidade, o entusiasmo, a coragem e a sexualidade saudável.

As velas vermelhas despertam a paixão, o amor, a força e a determinação.

As velas roxas favorecem a transmutação, a libertação, a Espiritualidade e a conexão com o sagrado.

E as velas pretas ajudam na proteção, no desapego e na dissolução de energias muito densas.

Caso você faça parte de alguma religião que utiliza as velas em seu fundamento, como a Umbanda, por exemplo, pode usar o fundamento que tiver.

Na dúvida, utilize sempre a vela branca que, por ser de uma cor neutra, pode ser usada para qualquer propósito ou intenção de Benzimento.

Para começar a benzer com vela, você pode consagrá-la e energizá-la com a sua intenção e a sua prece. Segure a vela entre as mãos e eleve o seu pensamento ao Divino, pedindo que a chama da vela seja abençoada e que se torne um canal de luz e de graça.

Você pode fazer o sinal da cruz sobre a vela e ungir a sua base com um óleo consagrado ou um óleo essencial, se quiser.

Eu costumo utilizar a vela de duas maneiras. Antes de começar qualquer Benzimento, acendo uma vela e coloco a intenção de que qualquer energia desarmônica ou em desequilíbrio, minha, do ambiente ou da pessoa atendida, possa ser transmutada com o auxílio do fogo. Geralmente, essa vela permanece ao meu lado todo o tempo e sempre a deixo queimar até o fim. Também utilizo a vela para benzer as pessoas, como indicado a seguir.

No Benzimento propriamente dito, acenda a vela com um fósforo ou isqueiro, e fixe-a em um castiçal, suporte ou pires.

Enquanto reza, visualize a chama da vela expandindo-se e envolvendo a pessoa, o objeto ou o ambiente que está recebendo as bênçãos.

Imagine a luz da vela dissolvendo todas as energias negativas, os bloqueios e as influências prejudiciais, e preenchendo o campo áurico do que está sendo benzido com as vibrações de Amor, de Paz e de Harmonia.

Use a sua intuição para perceber as áreas que precisam de mais limpeza e iluminação, e direcione a chama da vela para esses pontos, fazendo movimentos circulares ou em cruz.

Além de visualizar, você também pode utilizar gestos e sopros para direcionar a energia da vela. Passe as mãos ao redor da chama, como se estivesse moldando e distribuindo a sua luz, e sopre suavemente em direção ao que está sendo benzido, transmitindo a sua intenção de cura e de proteção.

Alguns Benzedores também costumam passar a vela acesa ao redor do corpo da pessoa, começando pela cabeça e descendo até os pés; ou acender uma vela em cada cômodo da casa para purificar o ambiente por completo.

Observação: Todo cuidado é pouco quando se trabalha com fogo. Esteja sempre atento e vigilante!

Depois que a vela terminar de queimar, recolha os seus restos e descarte-os.

Acenda a sua vela e deixe a sua luz brilhar!

Benzimento com Instrumentos Xamânicos: Maracá e Tambor

Adentramos agora em um território sagrado e misterioso: trata-se do uso dos Instrumentos Xamânicos no Benzimento. Muitos dos meus alunos possuem essa conexão, por isso resolvi acrescentar este capítulo para dar a você mais uma possibilidade.

Entre esses instrumentos, destacam-se o maracá e o tambor, dois objetos ancestrais que carregam em si a força dos elementos da natureza e a sabedoria dos povos originários.

O maracá é um chocalho indígena, geralmente feito de cabaça ou de madeira, preenchido com sementes, pedras ou contas. Ele representa o som primordial da criação, o ritmo que ordena o caos e desperta a vida. Quando agitamos o maracá durante um Benzimento, estamos invocando o poder do Ar e do Fogo, trazendo movimento, limpeza e ativação para o campo energético.

O som do maracá tem a capacidade de elevar a nossa vibração e de nos conectar com os planos sutis da existência. Ele nos ajuda a entrar em um estado alterado de consciência, em que podemos acessar informações e energias que estão além do nosso alcance habitual. O maracá também é usado para chamar os espíritos da natureza, os guardiões e os ancestrais, pedindo a sua proteção e a sua orientação durante o trabalho de cura.

Já o tambor é um instrumento de percussão que representa o pulsar da terra, o batimento cardíaco da Mãe Natureza. Feito de madeira e de couro animal, o tambor é considerado um ser vivo, com alma e personalidade própria. Quando tocamos o tambor em um Benzimento, estamos nos sintonizando com as forças telúricas, com a energia vital que sustenta e regenera todas as formas de vida.

O ritmo do tambor tem o poder de harmonizar os nossos batimentos cardíacos e as nossas ondas cerebrais, trazendo equilíbrio e bem-estar para todo o nosso ser. Ele também nos ajuda a dissipar as energias estagnadas e a despertar a nossa força interior, ativando a nossa capacidade de cura e de transformação. O tambor é usado para criar um espaço sagrado, um círculo de proteção e de comunhão com os seres visíveis e invisíveis.

Para benzer com o maracá e o tambor, é importante, primeiramente, estabelecer uma relação de respeito e de reverência com esses instrumentos. Antes de usá-los, faça uma prece ou uma oferenda para pedir permissão e para consagrá-los ao trabalho de cura. Você pode defumá-los com ervas sagradas e ungir o couro do tambor com óleos essenciais, como o de copaíba ou de palo santo.

Durante o Benzimento você pode segurar o tambor nas mãos, apoiá-lo no colo ou em um suporte. Comece a tocar suavemente, buscando um ritmo orgânico e fluido, que ressoe com a sua intenção e a sua prece. Deixe que o som conduza a sua intuição e a sua visualização, imaginando a energia curativa sendo transmitida pelos instrumentos.

Você pode usar o maracá para limpar e energizar o campo áurico da pessoa ou do ambiente, fazendo movimentos circulares ao redor do corpo ou do espaço. Também pode utilizar o maracá para chamar e saudar os espíritos aliados, como os Caboclos, os Pretos--Velhos e os Encantados, pedindo a sua intercessão e a sua força.

Com o tambor, você pode criar diferentes ritmos e intensidades, de acordo com a necessidade do Benzimento. Um ritmo mais lento e profundo pode trazer aterramento, centramento e relaxamento, enquanto um ritmo mais rápido e vibrante pode oferecer ativação, alegria e vitalidade. Você também pode usar o tambor para enviar a energia curativa para partes específicas do corpo ou para dissolver bloqueios e traumas emocionais.

Lembre-se de que, ao trabalhar com o maracá e o tambor, você está se tornando um canal para as forças da natureza e para a medicina ancestral. IIonrc cssa tradição com humildade, entrega e gratidão, e confie que esses instrumentos sagrados irão potencializar a sua conexão com o Grande Espírito e com a sua própria essência curadora.

Benzimento em Crianças

Benzer crianças é uma das tarefas mais delicadas e abençoadas do ofício de Benzedor. As crianças são seres puros, inocentes e sensíveis, que precisam de um cuidado especial e amoroso quando estão passando por algum desequilíbrio físico, emocional ou espiritual. Benzer uma criança é, antes de tudo, envolvê-la em um manto de amor incondicional e de proteção divina, para que ela possa se sentir segura, acolhida e confiante.

Antes de começar o Benzimento, é importante criar um ambiente tranquilo, harmonioso e lúdico para a criança. Ao recebê-la, acolha-a com um sorriso, um abraço ou um gesto de carinho, demonstrando que você está ali para cuidar dela com amor e dedicação. Pergunte o nome da criança e converse um pouco sobre o que gosta de fazer, os seus animais preferidos ou as suas brincadeiras favoritas. Essa conversa inicial ajuda a estabelecer um vínculo de confiança e de empatia entre você e a criança, facilitando o processo de Benzimento.

Antes de iniciar a oração, explique para a criança, de forma simples e lúdica, o que é o Benzimento e como ele funciona. Você pode dizer algo como: "O Benzimento é uma forma de pedir ajuda para os anjos e para os amiguinhos invisíveis, para que eles possam cuidar de você, além de fazer você se sentir melhor. Vamos fazer uma oração bem bonita e depois vou passar as mãos no seu corpinho, para mandar embora qualquer dodói ou tristeza que esteja incomodando. Você pode ficar bem quietinho e pensar em coisas boas, como a sua família, os seus brinquedos e os seus sonhos".

Durante a oração, use palavras simples, claras e positivas, evitando mencionar doenças, sintomas ou problemas específicos. Em vez disso, concentre-se em invocar a presença de Deus, dos Anjos, dos Santos e dos Seres de Luz, pedindo que eles envolvam a criança com o seu amor, a sua proteção e a sua sabedoria. Você pode usar orações tradicionais, como o *Pai- Nosso*, a *Ave-Maria* ou o *Santo Anjo*, adaptando a linguagem para que a criança possa compreender e repetir com você.

Faça o Benzimento como de costume, evitando elementos que possam assustar a criança. Se for um bebê, de preferência, pegue-o no colo.

Durante o Benzimento, você também pode usar recursos lúdicos e interativos para envolver a criança e tornar a experiência mais agradável e significativa para ela. Por exemplo, você pode pedir que a criança imagine que está em um lugar bonito e seguro, como um jardim florido, uma praia tranquila ou um céu estrelado. Ou pode pedir que ela visualize os seus anjinhos da guarda ao seu redor, brincando e cuidando dela com amor. Você também pode usar brinquedos, fantoches ou desenhos para ilustrar a mensagem de cura e de proteção do Benzimento.

Ao finalizar o Benzimento, agradeça a Deus e aos Seres de Luz pela graça recebida, e abençoe a criança com palavras de conforto, de encorajamento e de esperança. Você pode fazer o sinal da cruz na testa dela, soprar suavemente no seu rosto ou dar-lhe um abraço afetuoso, selando o trabalho com um gesto de carinho e de gratidão.

Dica da Ju

Muitas vezes, quando as crianças estão apresentando desequilíbrios (principalmente se forem muito novas), pode ser que estejam apenas refletindo alguma questão do ambiente ou dos pais. Se possível, benza o papai e a mamãe também!

Encerramento

Meu querido amigo, minha querida amiga, chegamos ao final desta nossa jornada de descobertas e aprendizados sobre a arte sagrada do Benzimento.

Espero que, ao longo destas páginas, você tenha encontrado inspiração, conforto e encorajamento para abraçar essa prática tão especial.

Juntos, exploramos a história e a tradição do Benzimento, mergulhamos nas raízes da Espiritualidade e da fé, e aprendemos sobre a importância da intenção, da palavra e do amor nesse ofício sagrado. Também descobrimos que o Benzimento é uma prática inclusiva, acessível a todos aqueles que têm o coração aberto e o desejo genuíno de servir.

Lembre-se sempre de que o Benzimento é, acima de tudo, um ato de amor. Quando você benze alguém ou algo, está oferecendo o melhor de si, está compartilhando a luz que habita em seu coração. É um gesto de profunda generosidade e compaixão, que tem o poder de tocar e transformar vidas.

Ao longo desta caminhada, você pode ter se deparado com desafios, dúvidas e inseguranças. Isso é normal e faz parte do processo de crescimento e aprendizado. Sempre que se sentir assim, respire profundamente, conecte-se com sua fé e confie na sabedoria que reside em si mesmo. Você tem dentro de si todas as ferramentas necessárias para ser um instrumento de cura e amor.

Cultive diariamente a sua espiritualidade, nutrindo-se de práticas que elevem a sua vibração e fortaleçam a sua conexão com o sagrado. Dedique tempo para a oração e para a meditação. Quanto mais você se abrir para a presença do divino em sua vida, mais intuitivo e confiante se tornará em seu ofício de Benzedor.

Não se esqueça também de honrar e respeitar a sabedoria ancestral que sustenta essa prática. O Benzimento é um tesouro precioso que nos foi legado por nossos antepassados, e cabe a nós preservá-lo e compartilhá-lo com as próximas gerações. Seja um guardião dessa tradição, transmitindo-a com integridade, humildade e reverência.

Acima de tudo, permita-se ser um canal de amor e compaixão. Deixe que a luz do Criador brilhe por seu intermédio, iluminando os caminhos por onde passar. Seja gentil consigo mesmo e com os outros, reconhecendo que todos estamos em uma jornada de aprendizado e crescimento. Celebre cada oportunidade de servir e fazer a diferença na vida de alguém, por meio do poder da bênção.

Agora, ao fechar este livro, saiba que você não está sozinho. Você faz parte de uma comunidade de Benzedores, de pessoas que, assim como você, escolheram trilhar o caminho do amor e da cura. Estamos todos conectados nessa teia sagrada da vida, apoiando e inspirando uns aos outros.

Que este seja apenas o começo de uma jornada repleta de descobertas, crescimento e realizações. Confie na sua intuição, na sua fé e no seu amor. Eles serão seus guias mais preciosos nessa aventura de servir pelo Benzimento.

Lembre-se sempre: Você é amado, é abençoado e é um instrumento do bem. Que a luz do Criador esteja sempre com você, iluminando seus passos e enchendo seu coração de paz e alegria.

Gratidão por ter compartilhado esta jornada comigo. Que o seu caminho seja repleto de bênçãos e que você possa, a cada dia, ser um farol de esperança e cura para todos aqueles que cruzarem o seu caminho.

O Mundo Precisa da Sua Luz!

Até breve, meu amigo. Até breve, minha amiga. Que Deus o(a) abençoe! E que o Amor, a Harmonia, a Paz e a Verdade o(a) acompanhem na sua caminhada.

Com amor e gratidão,

Ju